《商标法》及《商标法实施条例》

历次修改对照本

知识产权出版社有限责任公司◎编
国家知识产权局条法司◎审定

知识产权出版社
全国百佳图书出版单位
—北京—

图书在版编目（CIP）数据

《商标法》及《商标法实施条例》历次修改对照本/知识产权出版社有限责任公司编. —北京：知识产权出版社，2021.1（2024.11 重印）

ISBN 978－7－5130－7330－1

Ⅰ.①商… Ⅱ.①知… Ⅲ.①商标法—中国 Ⅳ.①D923.43

中国版本图书馆 CIP 数据核字（2020）第 243703 号

内容提要

本书对《商标法》（1982 年）及 1993 年、2001 年、2013 年的历次修改条文，《商标法实施条例》（1983 年）及 1993 年、2002 年、2014 年的历次修改条文分别进行了对照，并对修改之处通过黑体字和脚注进行提示和说明，以便读者学习、研究使用。

责任编辑：卢海鹰　　**责任校对**：潘凤越

执行编辑：武　伟　　**责任印制**：刘译文

《商标法》及《商标法实施条例》历次修改对照本

知识产权出版社有限责任公司　编

国家知识产权局条法司　审定

出版发行：知识产权出版社有限责任公司	**网　　址**：http://www.ipph.cn
社　　址：北京市海淀区气象路 50 号院	**邮　　编**：100081
责编电话：010－82000860 转 8122	**责编邮箱**：lueagle@126.com
发行电话：010－82000860 转 8101/8102	**发行传真**：010－82000893/82005070/82000270
印　　刷：北京九州迅驰传媒文化有限公司	**经　　销**：新华书店、各大网上书店及相关专业书店
开　　本：880mm×1230mm　1/32	**印　　张**：6.625
版　　次：2021 年 1 月第 1 版	**印　　次**：2024 年 11 月第 2 次印刷
字　　数：190 千字	**定　　价**：38.00 元

ISBN 978－7－5130－7330－1

出版说明

1983 年 3 月 1 日，《商标法》开始实施，标志着我国商标法律制度正式建立。近 40 年来，伴随着改革开放的伟大实践，我国商标法律制度也不断地发展、完善。《商标法》先后于 1993 年、2001 年、2013 年和 2019 年进行了四次修改，1983 年实施的《商标法实施细则》曾于 1988 年、1993 年、1995 年进行了三次修改，2002 年发布《商标法实施条例》，2014 年进行了一次修改。经过历次修改，《商标法》《商标法实施条例》的内容已经发生了巨大变化。为了清楚、详细地了解我国商标法律制度的发展历程，特编写本对照本。

为了使《商标法》《商标法实施条例》的条文准确无误，编者从《全国人民代表大会常务委员会公报》《国务院公报》中收集了刊登的最初以及历次修改文本。为使本对照本对照清晰，方便阅读，编者参考了大量资料，从历次的修改情况、条文编排形式、开本与装帧设计等方面进行了综合考虑，以求在内容和形式上都做到让读者满意。具体而言，本对照本主要有以下三个特点：第一，条文对照，由于《商标法》《商标法实施条例》修改次数较多，本对照本选取了《商标法》1983 年施行文本和 1993 年、2001 年、2013 年三次全面修改文本，以及对应的《商标法实施条例》1983 年、1993 年、2002 年、2014 年文本进行对比，条文顺序主要以现行文本为准；第二，条文中作出修改的内容变为黑体，新增和删除条款均有所体现，让读者更方便地看出哪些是修改内容，便于对照；第三，本对照本中加入了大量的脚注及文中注，包括对 2019 年《商标法》的修改，以及 1988 年、1995 年《商标法实施细则》修改内容的说明等，以便让读者了解修改变化情况。

由于编者的水平和能力有限，掌握的文献资料有限以及对文献资料的理解还不够全面，难免有疏漏和不足之处，恳请专家和广大读者批评指正！

目　　录

《商标法》（1982年）及历次修改（1993年、2001年、2013年、2019年）条文对照 ………… (1)

《商标法实施条例》（1983年）及历次修改（1993年、2002年、2014年）条文对照 ……… (77)

《商标法》（1982 年）及历次修改（1993 年、2001 年、2013 年、2019 年）条文对照[1][2]

---

❶ 2019 年 4 月 23 日，第十三届全国人民代表大会常务委员会第十次会议通过了《关于修改〈中华人民共和国建筑法〉等八部法律的决定》，该决定对 2013 年的《商标法》第四条、第十九条、第三十三条、第四十四条、第六十三条、第六十八条进行了修正。

❷ 限于版面，本对照表中对 2019 年修正的部分内容以字体加粗的形式合并改在 2013 年一列，并加以脚注说明。

1982 年

第一章　总　则

第一条

为了加强商标管理，保护商标专用权，促使生产者保证商品质量和维护商标信誉，以保障消费者的利益，促进社会主义商品经济的发展，特制定本法。

第二条

国务院工商行政管理部门商标局主管全国商标注册和管理的工作。

第二十条

国务院工商行政管理部门设立商标评审委员会，负责处理商标争议事宜。

第三条

经商标局核准注册的商标为注册商标，商标注册人享有商标专用权，受法律保护。

1993 年

第一章　总　则

第一条

为了加强商标管理，保护商标专用权，促使生产者保证商品质量和维护商标信誉，以保障消费者的利益，促进社会主义商品经济的发展，特制定本法。

第二条

国务院工商行政管理部门商标局主管全国商标注册和管理的工作。

第二十条

国务院工商行政管理部门设立商标评审委员会，负责处理商标争议事宜。

第三条

经商标局核准注册的商标为注册商标，商标注册人享有商标专用权，受法律保护。

2001 年	2013 年、2019 年
第一章 总 则	**第一章 总 则**
第一条	**第一条**
为了加强商标管理，保护商标专用权，促使**生产、经营者**保证商品**和服务质量**，维护商标信誉，以保障消费者**和生产、经营者**的利益，促进社会主义**市场**经济的发展，特制定本法。	为了加强商标管理，保护商标专用权，促使生产、经营者保证商品和服务质量，维护商标信誉，以保障消费者和生产、经营者的利益，促进社会主义市场经济的发展，特制定本法。
第二条	**第二条**
国务院工商行政管理部门商标局主管全国商标注册和管理的工作。	国务院工商行政管理部门商标局主管全国商标注册和管理的工作。
国务院工商行政管理部门设立商标评审委员会，负责处理商标争议事宜。	国务院工商行政管理部门设立商标评审委员会，负责处理商标争议事宜。
第三条	**第三条**
经商标局核准注册的商标为注册商标，**包括商品商标、服务商标和集体商标、证明商标；**商标注册人享有商标专用权，受法律保护。	经商标局核准注册的商标为注册商标，包括商品商标、服务商标和集体商标、证明商标；商标注册人享有商标专用权，受法律保护。
本法所称集体商标，是指以团体、协会或者其他组织名义注册，供该组织成员在商事活动中使用，以表明使用者在该组织中	本法所称集体商标，是指以团体、协会或者其他组织名义注册，供该组织成员在商事活动中使用，以表明使用者在该组织中

1982年	1993年
第四条 企业、事业单位和个体工商业者，对其生产、制造、加工、拣选或者经销的商品，需要取得商标专用权的，应当向商标局申请注册。	**第四条** 企业、事业单位和个体工商业者，对其生产、制造、加工、拣选或者经销的商品，需要取得商标专用权的，应当向商标局申请**商品商标**注册。 **企业、事业单位和个体工商业者，对其提供的服务项目，需要取得商标专用权的，应当向商标局申请服务商标注册。** **本法有关商品商标的规定，适用于服务商标。**

2001 年

的成员资格的标志。

本法所称证明商标，是指由对某种商品或者服务具有监督能力的组织所控制，而由该组织以外的单位或者个人使用于其商品或者服务，用以证明该商品或者服务的原产地、原料、制造方法、质量或者其他特定品质的标志。

集体商标、证明商标注册和管理的特殊事项，由国务院工商行政管理部门规定。

第四条

自然人、法人或者其他组织对其生产、制造、加工、拣选或者经销的商品，需要取得商标专用权的，应当向商标局申请商品商标注册。

自然人、法人或者其他组织对其提供的服务项目，需要取得商标专用权的，应当向商标局申请服务商标注册。

本法有关商品商标的规定，适用于服务商标。

2013 年、2019 年

的成员资格的标志。

本法所称证明商标，是指由对某种商品或者服务具有监督能力的组织所控制，而由该组织以外的单位或者个人使用于其商品或者服务，用以证明该商品或者服务的原产地、原料、制造方法、质量或者其他特定品质的标志。

集体商标、证明商标注册和管理的特殊事项，由国务院工商行政管理部门规定。

第四条[1]

自然人、法人或者其他组织**在生产经营活动中，对其商品或者服务**需要取得商标专用权的，应当向商标局申请商标注册。**不以使用为目的的恶意商标注册申请，应当予以驳回。**

本法有关商品商标的规定，适用于服务商标。

[1] 本条第一款在 2019 年进行了修正。

1982年	1993年
第五条	**第五条**
国家规定必须使用注册商标的商品，必须申请商标注册，未经核准注册的，不得在市场销售。	国家规定必须使用注册商标的商品，必须申请商标注册，未经核准注册的，不得在市场销售。
第六条	**第六条**
商标使用人应当对其使用商标的商品质量负责。各级工商行政管理部门应当通过商标管理，监督商品质量，制止欺骗消费者的行为。	商标使用人应当对其使用商标的商品质量负责。各级工商行政管理部门应当通过商标管理，监督商品质量，制止欺骗消费者的行为。
第七条	**第七条**
商标使用的文学、图形或者其组合，应当有显著特征，便于识别。使用注册商标的，并应当标明“注册商标”或者注册标记。	商标使用的文字、图形或者其组合，应当有显著特征，便于识别。使用注册商标的，并应当标明“注册商标”或者注册标记。

2001 年	2013 年、2019 年
第五条（新增） **两个以上的自然人、法人或者其他组织可以共同向商标局申请注册同一商标，共同享有和行使该商标专用权。**	**第五条** 两个以上的自然人、法人或者其他组织可以共同向商标局申请注册同一商标，共同享有和行使该商标专用权。
第六条 国家规定必须使用注册商标的商品，必须申请商标注册，未经核准注册的，不得在市场销售。	**第六条** **法律、行政法规**规定必须使用注册商标的商品，必须申请商标注册，未经核准注册的，不得在市场销售。
第七条 商标使用人应当对其使用商标的商品质量负责。各级工商行政管理部门**应当通过商标管理，制止欺骗消费者的行为。**	**第七条** **申请注册和使用商标，应当遵循诚实信用原则。** 商标使用人应当对其使用商标的商品质量负责。各级工商行政管理部门应当通过商标管理，制止欺骗消费者的行为。
第八条 **任何能够将自然人、法人或者其他组织的商品与他人的商品区别开的可视性标志，包括文字、图形、字母、数字、三维标志和颜色组合，以及上述要素的组合，均可以作为商标申请注册。**	**第八条** 任何能够将自然人、法人或者其他组织的商品与他人的商品区别开的**标志**，包括文字、图形、字母、数字、三维标志、颜色组合**和声音等**，以及上述要素的组合，均可以作为商标申请注册。

1982 年	1993 年
第八条	**第八条**
商标不得使用下列文字、图形:	商标不得使用下列文字、图形:
(1)同中华人民共和国的国家名称、国旗、国徽、军旗、勋章相同或者近似的;	(1)同中华人民共和国的国家名称、国旗、国徽、军旗、勋章相同或者近似的;
(2)同外国的国家名称、国旗、国徽、军旗相同或者近似的;	(2)同外国的国家名称、国旗、国徽、军旗相同或者近似的;
(3)同政府间国际组织的旗帜、徽记、名称相同或者近似的;	(3)同政府间国际组织的旗帜、徽记、名称相同或者近似的;
(4)同"红十字"、"红新月"的标志、名称相同或者近似的;	(4)同"红十字"、"红新月"的标志、名称相同或者近似的;
(5)本商品的通用名称和图形;	(5)本商品的通用名称和图形;
(6)直接表示商品的质量、主要原料、功能、用途、重量、数量及其他特点的;	(6)直接表示商品的质量、主要原料、功能、用途、重量、数量及其他特点的;
(7)带有民族歧视性的;	(7)带有民族歧视性的;
(8)夸大宣传并带有欺骗性的;	(8)夸大宣传并带有欺骗性的;
(9)有害于社会主义道德风尚或者有其他不良影响的。	(9)有害于社会主义道德风尚或者有其他不良影响的。
	县级以上行政区划的地名或者公众知晓的外国地名,不得作

2001 年

第九条（新增）

申请注册的商标，应当有显著特征，便于识别，并不得与他人在先取得的合法权利相冲突。

商标注册人有权标明“注册商标”或者注册标记。

第十条

下列标志不得作为商标使用：

（一）同中华人民共和国的国家名称、国旗、国徽、军旗、勋章相同或者近似的，**以及同中央国家机关所在地特定地点的名称或者标志性建筑物的名称、图形相同的；**

（二）同外国的国家名称、国旗、国徽、军旗相同或者近似的，**但该国政府同意的除外；**

（三）同政府间国际组织的**名称、旗帜、徽记**相同或者近似的，**但经该组织同意或者不易误导公众的除外；**

（四）与表明实施控制、予以保证的官方标志、检验印记相同或者近似的，但经授权的除外；

（五）同“红十字”、“红新月”的**名称、标志**相同或者近似的；

（六）带有民族歧视性的；

（七）夸大宣传并带有欺骗性的；

（八）有害于社会主义道德风尚或者有其他不良影响的。

2013 年、2019 年

第九条

申请注册的商标，应当有显著特征，便于识别，并不得与他人在先取得的合法权利相冲突。

商标注册人有权标明“注册商标”或者注册标记。

第十条

下列标志不得作为商标使用：

（一）同中华人民共和国的国家名称、国旗、国徽、**国歌**、军旗、**军徽**、**军歌**、勋章**等**相同或者近似的，以及同中央国家机关**的名称、标志、**所在地特定地点的名称或者标志性建筑物的名称、图形相同的；

（二）同外国的国家名称、国旗、国徽、军旗**等**相同或者近似的，但**经**该国政府同意的除外；

（三）同政府间国际组织的名称、旗帜、徽记**等**相同或者近似的，但经该组织同意或者不易误导公众的除外；

（四）与表明实施控制、予以保证的官方标志、检验印记相同或者近似的，但经授权的除外；

（五）同“红十字”、“红新月”的名称、标志相同或者近似的；

（六）带有民族歧视性的；

（七）带有欺骗性，**容易使公众对商品的质量等特点或者产地产生误认的；**

1982 年	1993 年
	为商标，但是，地名具有其他含义的除外；已经注册的使用地名的商标继续有效。

2001 年	2013 年、2019 年
	（八）有害于社会主义道德风尚或者有其他不良影响的。
县级以上行政区划的地名或者公众知晓的外国地名，不得作为商标。但是，地名具有其他含**义或者作为集体商标、证明商标组成部分的除外**；已经注册的使用地名的商标继续有效。	县级以上行政区划的地名或者公众知晓的外国地名，不得作为商标。但是，地名具有其他含义或者作为集体商标、证明商标组成部分的除外；已经注册的使用地名的商标继续有效。
第十一条（新增）	**第十一条**
下列标志不得作为商标注册：	下列标志不得作为商标注册：
（一）仅有本商品的通用名称、图形、型号的；	（一）仅有本商品的通用名称、图形、型号的；
（二）仅仅直接表示商品的质量、主要原料、功能、用途、重量、数量及其他特点的；	（二）**仅**直接表示商品的质量、主要原料、功能、用途、重量、数量及其他特点的；
（三）缺乏显著特征的。	（三）**其他**缺乏显著特征的。
前款所列标志经过使用取得显著特征，并便于识别的，可以作为商标注册。	前款所列标志经过使用取得显著特征，并便于识别的，可以作为商标注册。
第十二条（新增）	**第十二条**
以三维标志申请注册商标的，仅由商品自身的性质产生的形状、为获得技术效果而需有的商品形状或者使商品具有实质性价值的形状，不得注册。	以三维标志申请注册商标的，仅由商品自身的性质产生的形状、为获得技术效果而需有的商品形状或者使商品具有实质性价值的形状，不得注册。
第十三条（新增）	**第十三条**
就相同或者类似商品申请注册的商标是复制、摹仿或者翻译	**为相关公众所熟知的商标，持有人认为其权利受到侵害时，**

1982 年

1993 年

他人未在中国注册的驰名商标，容易导致混淆的，不予注册并禁止使用。

就不相同或者不相类似商品申请注册的商标是复制、摹仿或者翻译他人已经在中国注册的驰名商标，误导公众，致使该驰名商标注册人的利益可能受到损害的，不予注册并禁止使用。

第十四条（新增）

认定驰名商标应当考虑下列因素：

（一）相关公众对该商标的知晓程度；

（二）该商标使用的持续时间；

（三）该商标的任何宣传工作的持续时间、程度和地理范围；

（四）该商标作为驰名商标受保护的记录；

（五）该商标驰名的其他因素。

可以依照本法规定请求驰名商标保护。

就相同或者类似商品申请注册的商标是复制、摹仿或者翻译他人未在中国注册的驰名商标，容易导致混淆的，不予注册并禁止使用。

就不相同或者不相类似商品申请注册的商标是复制、摹仿或者翻译他人已经在中国注册的驰名商标，误导公众，致使该驰名商标注册人的利益可能受到损害的，不予注册并禁止使用。

第十四条

驰名商标应当根据当事人的请求，作为处理涉及商标案件需要认定的事实进行认定。认定驰名商标应当考虑下列因素：

（一）相关公众对该商标的知晓程度；

（二）该商标使用的持续时间；

（三）该商标的任何宣传工作的持续时间、程度和地理范围；

（四）该商标作为驰名商标受保护的记录；

（五）该商标驰名的其他因素。

在商标注册审查、工商行政管理部门查处商标违法案件过程中，当事人依照本法第十三条规

1982 年	1993 年

2001年	2013年、2019年
	定主张权利的，商标局根据审查、处理案件的需要，可以对商标驰名情况作出认定。 在商标争议处理过程中，当事人依照本法第十三条规定主张权利的，商标评审委员会根据处理案件的需要，可以对商标驰名情况作出认定。 在商标民事、行政案件审理过程中，当事人依照本法第十三条规定主张权利的，最高人民法院指定的人民法院根据审理案件的需要，可以对商标驰名情况作出认定。 生产、经营者不得将“驰名商标”字样用于商品、商品包装或者容器上，或者用于广告宣传、展览以及其他商业活动中。
第十五条（新增） 未经授权，代理人或者代表人以自己的名义将被代理人或者被代表人的商标进行注册，被代理人或者被代表人提出异议的，不予注册并禁止使用。	第十五条 未经授权，代理人或者代表人以自己的名义将被代理人或者被代表人的商标进行注册，被代理人或者被代表人提出异议的，不予注册并禁止使用。 就同一种商品或者类似商品申请注册的商标与他人在先使用的未注册商标相同或者近似，申请人与该他人具有前款规定以外的合同、业务往来关系或者其他关系而明知该他人商标存在，该他人提出异议的，不予注册。

1982年	1993年
第九条 外国人或者外国企业在中国申请商标注册的，应当按其所属国和中华人民共和国签订的协议或者共同参加的国际条约办理，或者按对等原则办理。	**第九条** 外国人或者外国企业在中国申请商标注册的，应当按其所属国和中华人民共和国签订的协议或者共同参加的国际条约办理，或者按对等原则办理。
第十条 外国人或者外国企业在中国申请商标注册和办理其他商标事宜的，应当委托国家指定的组织代理。	**第十条** 外国人或者外国企业在中国申请商标注册和办理其他商标事宜的，应当委托国家指定的组织代理。

2001年	2013年、2019年
第十六条（新增）	**第十六条**
商标中有商品的地理标志，而该商品并非来源于该标志所标示的地区，误导公众的，不予注册并禁止使用；但是，已经善意取得注册的继续有效。	商标中有商品的地理标志，而该商品并非来源于该标志所标示的地区，误导公众的，不予注册并禁止使用；但是，已经善意取得注册的继续有效。
前款所称地理标志，是指标示某商品来源于某地区，该商品的特定质量、信誉或者其他特征，主要由该地区的自然因素或者人文因素所决定的标志。	前款所称地理标志，是指标示某商品来源于某地区，该商品的特定质量、信誉或者其他特征，主要由该地区的自然因素或者人文因素所决定的标志。
第十七条	**第十七条**
外国人或者外国企业在中国申请商标注册的，应当按其所属国和中华人民共和国签订的协议或者共同参加的国际条约办理，或者按对等原则办理。	外国人或者外国企业在中国申请商标注册的，应当按其所属国和中华人民共和国签订的协议或者共同参加的国际条约办理，或者按对等原则办理。
第十八条	**第十八条**
外国人或者外国企业在中国申请商标注册和办理其他商标事宜的，应当委托国家**认可的具有商标代理资格的**组织代理。	**申请商标注册或者办理其他商标事宜，可以自行办理，也可以委托依法设立的商标代理机构办理。**
	外国人或者外国企业在中国

1982 年	1993 年

申请商标注册和办理其他商标事宜的，应当委托**依法设立的商标代理机构办理。**

第十九条[1]（新增）

商标代理机构应当遵循诚实信用原则，遵守法律、行政法规，按照被代理人的委托办理商标注册申请或者其他商标事宜；对在代理过程中知悉的被代理人的商业秘密，负有保密义务。

委托人申请注册的商标可能存在本法规定不得注册情形的，商标代理机构应当明确告知委托人。

商标代理机构知道或者应当知道委托人申请注册的商标属于本法第四条、第十五条和第三十二条规定情形的，不得接受其委托。

商标代理机构除对其代理服务申请商标注册外，不得申请注册其他商标。

第二十条（新增）

商标代理行业组织应当按照章程规定，严格执行吸纳会员的条件，对违反行业自律规范的会员实行惩戒。商标代理行业组织对其吸纳的会员和对会员的惩戒情况，应当及时向社会公布。

[1] 本条第三款在 2019 年进行了修正。

1982 年	1993 年
第二章　商标注册的申请	**第二章　商标注册的申请**
第十一条 申请商标注册的，应当按规定的商品分类表填报使用商标的商品类别和商品名称。	**第十一条** 申请商标注册的，应当按规定的商品分类表填报使用商标的商品类别和商品名称。
第十二条 同一申请人在不同类别的商品上使用同一商标的，应当按商品分类表分别提出注册申请。	**第十二条** 同一申请人在不同类别的商品上使用同一商标的，应当按商品分类表**提出**注册申请。
第十三条 注册商标需要在同一类的其他商品上使用的，应当另行提出注册申请。	**第十三条** 注册商标需要在同一类的其他商品上使用的，应当另行提出注册申请。
第十四条 注册商标需要改变文字、图形的，应当重新提出注册申请。	**第十四条** 注册商标需要改变文字、图形的，应当重新提出注册申请。

2001 年

2013 年、2019 年

第二十一条（新增）

商标国际注册遵循中华人民共和国缔结或者参加的有关国际条约确立的制度，具体办法由国务院规定。

第二章　商标注册的申请

第十九条

申请商标注册的，应当按规定的商品分类表填报使用商标的商品类别和商品名称。

第二十条

商标注册申请人在不同类别的商品上**申请注册**同一商标的，应当按商品分类表提出注册申请。

第二十一条

注册商标需要在同一类的其他商品上使用的，应当另行提出注册申请。

第二十二条

注册商标需要改变**其标志**的，应当重新提出注册申请。

第二章　商标注册的申请

第二十二条

商标注册申请人应当按规定的商品分类表填报使用商标的商品类别和商品名称，**提出注册申请**。

商标注册申请人**可以通过一份申请就多个类别的商品**申请注册同一商标。

商标注册申请等有关文件，可以以书面方式或者数据电文方式提出。

第二十三条

注册商标需要在**核定使用范围之外的商品上取得商标专用权的**，应当另行提出注册申请。

第二十四条

注册商标需要改变其标志的，应当重新提出注册申请。

1982年	1993年

2001 年

第二十四条（新增）

商标注册申请人自其商标在外国第一次提出商标注册申请之日起六个月内，又在中国就相同商品以同一商标提出商标注册申请的，依照该外国同中国签订的协议或者共同参加的国际条约，或者按照相互承认优先权的原则，可以享有优先权。

依照前款要求优先权的，应当在提出商标注册申请的时候提出书面声明，并且在三个月内提交第一次提出的商标注册申请文件的副本；未提出书面声明或者逾期未提交商标注册申请文件副本的，视为未要求优先权。

第二十五条（新增）

商标在中国政府主办的或者承认的国际展览会展出的商品上首次使用的，自该商品展出之日起六个月内，该商标的注册申请人可以享有优先权。

依照前款要求优先权的，应当在提出商标注册申请的时候提出书面声明，并且在三个月内提交展出其商品的展览会名称、在展出商品上使用该商标的证据、展出日期等证明文件；未提出书面声明或者逾期未提交证明文件的，视为未要求优先权。

2013 年、2019 年

第二十五条

商标注册申请人自其商标在外国第一次提出商标注册申请之日起六个月内，又在中国就相同商品以同一商标提出商标注册申请的，依照该外国同中国签订的协议或者共同参加的国际条约，或者按照相互承认优先权的原则，可以享有优先权。

依照前款要求优先权的，应当在提出商标注册申请的时候提出书面声明，并且在三个月内提交第一次提出的商标注册申请文件的副本；未提出书面声明或者逾期未提交商标注册申请文件副本的，视为未要求优先权。

第二十六条

商标在中国政府主办的或者承认的国际展览会展出的商品上首次使用的，自该商品展出之日起六个月内，该商标的注册申请人可以享有优先权。

依照前款要求优先权的，应当在提出商标注册申请的时候提出书面声明，并且在三个月内提交展出其商品的展览会名称、在展出商品上使用该商标的证据、展出日期等证明文件；未提出书面声明或者逾期未提交证明文件的，视为未要求优先权。

1982年 | 1993年

第三章　商标注册的审查和核准

第十六条

申请注册的商标，凡符合本法有关规定的，由商标局初步审定，予以公告。

第十七条

申请注册的商标，凡不符合本法有关规定或者同他人在同一种商品或者类似商品上已经注册的或者初步审定的商标相同或者近似的，由商标局驳回申请，不予公告。

第三章　商标注册的审查和核准

第十六条

申请注册的商标，凡符合本法有关规定的，由商标局初步审定，予以公告。

第十七条

申请注册的商标，凡不符合本法有关规定或者同他人在同一种商品或者类似商品上已经注册的或者初步审定的商标相同或者近似的，由商标局驳回申请，不予公告。

第二十六条（新增）

为申请商标注册所申报的事项和所提供的材料应当真实、准确、完整。

第三章　商标注册的审查和核准

第二十七条

申请注册的商标，凡符合本法有关规定的，由商标局初步审定，予以公告。

第二十八条

申请注册的商标，凡不符合本法有关规定或者同他人在同一种商品或者类似商品上已经注册的或者初步审定的商标相同或者近似的，由商标局驳回申请，不予公告。

第二十七条

为申请商标注册所申报的事项和所提供的材料应当真实、准确、完整。

第三章　商标注册的审查和核准

第二十八条

对申请注册的商标，**商标局应当自收到商标注册申请文件之日起九个月内审查完毕**，符合本法有关规定的，予以**初步审定**公告。

第二十九条（新增）

在审查过程中，商标局认为商标注册申请内容需要说明或者修正的，可以要求申请人做出说明或者修正。申请人未做出说明或者修正的，不影响商标局做出审查决定。

第三十条

申请注册的商标，凡不符合本法有关规定或者同他人在同一种商品或者类似商品上已经注册的或者初步审定的商标相同或者近似的，由商标局驳回申请，不予公告。

1982 年	1993 年
第十八条 两个或者两个以上的申请人，在同一种商品或者类似商品上，以相同或者近似的商标申请注册的，初步审定并公告申请在先的商标；同一天申请的，初步审定并公告使用在先的商标，驳回其他人的申请，不予公告。	**第十八条** 两个或者两个以上的申请人，在同一种商品或者类似商品上，以相同或者近似的商标申请注册的，初步审定并公告申请在先的商标；同一天申请的，初步审定并公告使用在先的商标，驳回其他人的申请，不予以公告。
第十九条 对初步审定的商标，自公告之日起三个月内，任何人均可以提出异议。无异议或者经裁定异议不能成立的，始予核准注册，发给商标注册证，并予公告；经裁定异议成立的，不予核准注册。	**第十九条** 对初步审定的商标，自公告之日起三个月内，任何人均可以提出异议。无异议或者经裁定异议不能成立的，始予核准注册，发给商标注册证，并予公告；经裁定异议成立的，不予核准注册。

2001 年	2013 年、2019 年
第二十九条 两个或者两个以上的**商标注册**申请人，在同一种商品或者类似商品上，以相同或者近似的商标申请注册的，初步审定并公告申请在先的商标；同一天申请的，初步审定并公告使用在先的商标，驳回其他人的申请，不予公告。	**第三十一条** 两个或者两个以上的商标注册申请人，在同一种商品或者类似商品上，以相同或者近似的商标申请注册的，初步审定并公告申请在先的商标；同一天申请的，初步审定并公告使用在先的商标，驳回其他人的申请，不予公告。
第三十一条（新增） **申请商标注册不得损害他人现有的在先权利，也不得以不正当手段抢先注册他人已经使用并有一定影响的商标。**	**第三十二条** 申请商标注册不得损害他人现有的在先权利，也不得以不正当手段抢先注册他人已经使用并有一定影响的商标。
第三十条 对初步审定的商标，自公告之日起三个月内，任何人均可以提出异议。**公告期满无异议的，予以**核准注册，发给商标注册证，并予公告。	**第三十三条**[1] 对初步审定**公告**的商标，自公告之日起三个月内，**在先权利人、利害关系人认为违反本法第十三条第二款和第三款、第十五条、第十六条第一款、第三十条、第三十一条、第三十二条规定的，或者任何人认为违反本法第四条、第十条、第十一条、第十二条、第十九条第四款规定的，可以向商标局提出异议**。公告期满无异议的，予以核准注册，发给商标注册证，并予公告。

[1] 本条在 2019 年进行了修正。

1982 年	1993 年
第二十一条	**第二十一条**
对驳回申请、不予公告的商标，商标局应当书面通知申请人。申请人不服的，可以在收到通知十五天内申请复审，由商标评审委员会做出终局决定，并书面通知申请人。	对驳回申请、不予公告的商标，商标局应当书面通知申请人。申请人不服的，可以在收到通知十五天内申请复审，由商标评审委员会做出终局决定，并书面通知申请人。
第二十二条	**第二十二条**
对初步审定、予以公告的商标提出异议的，商标局应当听取异议人和申请人陈述事实和理由，经调查核实后，做出裁定。当事人不服的，可以在收到通知十五天内申请复审，由商标评审委员会做出终局裁定，并书面通知异议人和申请人。	对初步审定、予以公告的商标提出异议的，商标局应当听取异议人和申请人陈述事实和理由，经调查核实后，做出裁定。当事人不服的，可以在收到通知十五天内申请复审，由商标评审委员会做出终局裁定，并书面通知异议人和申请人。

2001 年	2013 年、2019 年
第三十二条	**第三十四条**
对驳回申请、不予公告的商标，商标局应当书面通知**商标注册申请人**。**商标注册**申请人不服的，可以**自**收到通知**之日起**十五日内**向商标评审委员会**申请复审，由商标评审委员会**做出决定**，并书面通知申请人。 **当事人对商标评审委员会的决定不服的，可以自收到通知之日起三十日内向人民法院起诉。**	对驳回申请、不予公告的商标，商标局应当书面通知商标注册申请人。商标注册申请人不服的，可以自收到通知之日起十五日内向商标评审委员会申请复审。**商标评审委员会应当自收到申请之日起九个月内做出决定，**并书面通知申请人。**有特殊情况需要延长的，经国务院工商行政管理部门批准，可以延长三个月。**当事人对商标评审委员会的决定不服的，可以自收到通知之日起三十日内向人民法院起诉。
第三十三条	**第三十五条**
对初步审定、予以公告的商标提出异议的，商标局应当听取异议人和**被异议人**陈述事实和理由，经调查核实后，做出裁定。当事人不服的，可以**自**收到通知**之日起**十五**日内向商标评审委员会申请复审**，由商标评审委员会做出**裁定**，并书面通知异议人和**被异议人**。 **当事人对商标评审委员会的裁定不服的，可以自收到通知之日起三十日内向人民法院起诉。人民法院应当通知商标复审程序的对方当事人作为第三人参加诉讼。**	对**初步审定公告**的商标提出异议的，商标局应当听取异议人和被异议人陈述事实和理由，经调查核实后，**自公告期满之日起十二个月内做出是否准予注册的决定，并书面通知异议人和被异议人。有特殊情况需要延长的，经国务院工商行政管理部门批准，可以延长六个月。** **商标局做出准予注册决定的，发给商标注册证，并予公告。异议人不服的，可以依照本法第四十四条、第四十五条的规定向商标评审委员会请求宣告该注册商标无效。**

1982年	1993年

2001 年	2013 年、2019 年
	商标局做出不予注册决定，被异议人不服的，可以自收到通知之日起十五日内向商标评审委员会申请复审。商标评审委员会应当自收到申请之日起十二个月内做出复审决定，并书面通知异议人和被异议人。有特殊情况需要延长的，经国务院工商行政管理部门批准，可以延长六个月。被异议人对商标评审委员会的决定不服的，可以自收到通知之日起三十日内向人民法院起诉。人民法院应当通知异议人作为第三人参加诉讼。 商标评审委员会在依照前款规定进行复审的过程中，所涉及的在先权利的确定必须以人民法院正在审理或者行政机关正在处理的另一案件的结果为依据的，可以中止审查。中止原因消除后，应当恢复审查程序。
第三十四条（新增） 当事人在法定期限内对商标局做出的裁定不申请复审或者对商标评审委员会做出的裁定不向人民法院起诉的，裁定生效。 经裁定异议不能成立的，予以核准注册，发给商标注册证，并予公告；经裁定异议成立的，不予核准注册。	第三十六条 法定期限届满，当事人对商标局做出的**驳回申请决定、不予注册决定**不申请复审或者对商标评审委员会做出的**复审决定**不向人民法院起诉的，**驳回申请决定、不予注册决定或者复审决定**生效。 经**审查**异议**不成立而准予**注

1982 年	1993 年
第四章　注册商标的续展、转让和使用许可	**第四章　注册商标的续展、转让和使用许可**
第二十三条 注册商标的有效期为十年，自核准注册之日起计算。	**第二十三条** 注册商标的有效期为十年，自核准注册之日起计算。

2001 年	2013 年、2019 年
经裁定异议不能成立而核准注册的，商标注册申请人取得商标专用权的时间自初审公告三个月期满之日起计算。	册的商标，商标注册申请人取得商标专用权的时间自初步审定公告三个月期满之日起计算。**自该商标公告期满之日起至准予注册决定做出前，对他人在同一种或者类似商品上使用与该商标相同或者近似的标志的行为不具有追溯力；但是，因该使用人的恶意给商标注册人造成的损失，应当给予赔偿。**
第三十五条（新增） **对商标注册申请和商标复审申请应当及时进行审查。**	**第三十七条** 对商标注册申请和商标复审申请应当及时进行审查。
第三十六条（新增） **商标注册申请人或者注册人发现商标申请文件或者注册文件有明显错误的，可以申请更正。商标局依法在其职权范围内作出更正，并通知当事人。** **前款所称更正错误不涉及商标申请文件或者注册文件的实质性内容。**	**第三十八条** 商标注册申请人或者注册人发现商标申请文件或者注册文件有明显错误的，可以申请更正。商标局依法在其职权范围内作出更正，并通知当事人。 前款所称更正错误不涉及商标申请文件或者注册文件的实质性内容。
第四章　注册商标的续展、转让和使用许可	**第四章　注册商标的续展、变更、转让和使用许可**[1]
第三十七条 注册商标的有效期为十年，自核准注册之日起计算。	**第三十九条** 注册商标的有效期为十年，自核准注册之日起计算。

[1] 依据《全国人民代表大会常务委员会关于修改〈中华人民共和国商标法〉的决定》（2013 年 8 月 30 日第十二届全国人民代表大会常务委员会第四次会议通过）第二十四条：“将第四章章名修改为‘注册商标的续展、变更、转让和使用许可’。”

1982 年	1993 年
第二十四条 注册商标有效期满，需要继续使用的，应当在期满前六个月内申请续展注册；在此期间未能提出申请的，可以给予六个月的宽展期。宽展期满仍未提出申请的，注销其注册商标。 每次续展注册的有效期为十年。 续展注册经核准后，予以公告。	**第二十四条** 注册商标有效期满，需要继续使用的，应当在期满前六个月内申请续展注册；在此期间未能提出申请的，可以给予六个月的宽展期。宽展期满仍未提出申请的，注销其注册商标。 每次续展注册的有效期为十年。 续展注册经核准后，予以公告。
第十五条 注册商标需要变更注册人的名义、地址或者其他注册事项的，应当提出变更申请。	**第十五条** 注册商标需要变更注册人的名义、地址或者其他注册事项的，应当提出变更申请。
第二十五条 转让注册商标的，转让人和受让人应当共同向商标局提出申请。受让人应当保证使用该注册商标的商品质量。 转让注册商标经核准后，予以公告。	**第二十五条** 转让注册商标的，转让人和受让人应当共同向商标局提出申请。受让人应当保证使用该注册商标的商品质量。 转让注册商标经核准后，予以公告。

第三十八条

注册商标有效期满，需要继续使用的，应当在期满前六个月内申请续展注册；在此期间未能提出申请的，可以给予六个月的宽展期。宽展期满仍未提出申请的，注销其注册商标。

每次续展注册的有效期为十年。

续展注册经核准后，予以公告。

第四十条

注册商标有效期满，需要继续使用的，**商标注册人**应当在期满前**十二个月内按照规定办理续展手续**；在此期间未能**办理**的，可以给予六个月的宽展期。每次续展注册的有效期为十年，**自该商标上一届有效期满次日起计算。期满未办理续展手续**的，注销其注册商标。

商标局应当对续展注册的商标予以公告。

第二十三条

注册商标需要变更注册人的名义、地址或者其他注册事项的，应当提出变更申请。

第四十一条

注册商标需要变更注册人的名义、地址或者其他注册事项的，应当提出变更申请。

第三十九条

转让注册商标的，转让人和受让人应当**签订转让协议**，并共同向商标局提出申请。受让人应当保证使用该注册商标的商品质量。

转让注册商标经核准后，予以公告。**受让人自公告之日起享有商标专用权。**

第四十二条

转让注册商标的，转让人和受让人应当签订转让协议，并共同向商标局提出申请。受让人应当保证使用该注册商标的商品质量。

转让注册商标的，商标注册人对其在同一种商品上注册的近似的商标，或者在类似商品上注册的相同或者近似的商标，应当一并转让。

对容易导致混淆或者有其他不良影响的转让，商标局不予核准，书面通知申请人并说明理由。

1982 年

第二十六条

商标注册人可以通过签订商标使用许可合同，许可他人使用其注册商标。许可人应当监督被许可人使用其注册商标的商品质量。被许可人应当保证使用该注册商标的商品质量。

商标使用许可合同应当报商标局备案。

1993 年

第二十六条

商标注册人可以通过签订商标使用许可合同，许可他人使用其注册商标。许可人应当监督被许可人使用其注册商标的商品质量。被许可人应当保证使用该注册商标的商品质量。

经许可使用他人注册商标的，必须在使用该注册商标的商品上标明被许可人的名称和商品产地。

商标使用许可合同应当报商标局备案。

2001 年	2013 年、2019 年
	转让注册商标经核准后，予以公告。受让人自公告之日起享有商标专用权。
第四十条	**第四十三条**
商标注册人可以通过签订商标使用许可合同，许可他人使用其注册商标。许可人应当监督被许可人使用其注册商标的商品质量。被许可人应当保证使用该注册商标的商品质量。	商标注册人可以通过签订商标使用许可合同，许可他人使用其注册商标。许可人应当监督被许可人使用其注册商标的商品质量。被许可人应当保证使用该注册商标的商品质量。
经许可使用他人注册商标的，必须在使用该注册商标的商品上标明被许可人的名称和商品产地。	经许可使用他人注册商标的，必须在使用该注册商标的商品上标明被许可人的名称和商品产地。
商标使用许可合同应当报商标局备案。	**许可他人使用其注册商标的，许可人应当将其商标使用许可**报商标局备案，**由商标局公告。商标使用许可未经备案不得对抗善意第三人。**

1982 年

第五章　注册商标争议的裁定

第二十七条

对已经注册的商标有争议的，可以自该商标经核准注册之日起一年内，向商标评审委员会申请裁定。

商标评审委员会收到裁定申请后，应当通知有关当事人，并限期提出答辩。

1993 年

第五章　注册商标争议的裁定

第二十七条

已经注册的商标，违反本法第八条规定的，或者是以欺骗手段或者其他不正当手段取得注册的，由商标局撤销该注册商标；其他单位或者个人可以请求商标评审委员会裁定撤销该注册商标。

除前款规定的情形外，对已经注册的商标有争议的，可以自该商标经核准注册之日起一年内，向商标评审委员会申请裁定。

商标评审委员会收到裁定申请后，应当通知有关当事人，并限期提出答辩。

第五章　注册商标争议的裁定

第四十一条

已经注册的商标，违反本法**第十条、第十一条、第十二条**规定的，或者是以欺骗手段或者其他不正当手段取得注册的，由商标局撤销该注册商标；其他单位或者个人可以请求商标评审委员会裁定撤销该注册商标。

已经注册的商标，违反本法第十三条、第十五条、第十六条、第三十一条规定的，自商标注册之日起五年内，商标所有人或者利害关系人可以请求商标评审委员会裁定撤销该注册商标。对恶意注册的，驰名商标所有人不受五年的时间限制。

除前**两**款规定的情形外，对已经注册的商标有争议的，可以自该商标经核准注册之日起**五年**内，向商标评审委员会申请裁定。

商标评审委员会收到裁定申请后，应当通知有关当事人，并限期提出答辩。

第五章　注册商标的无效宣告[1]

第四十四条[2]

已经注册的商标，违反本法**第四条**、第十条、第十一条、第十二条、**第十九条第四款**规定的，或者是以欺骗手段或者其他不正当手段取得注册的，由商标局宣告该注册商标无效；其他单位或者个人可以请求商标评审委员会宣告该注册商标无效。

商标局做出宣告注册商标无效的决定，应当书面通知当事人。当事人对商标局的决定不服的，可以自收到通知之日起十五日内向商标评审委员会申请复审。商标评审委员会应当自收到申请之日起九个月内做出决定，并书面通知当事人。有特殊情况需要延长的，经国务院工商行政管理部门批准，可以延长三个月。当事人对商标评审委员会的**决定**不服的，可以自收到通知之日起三十日内向人民法院起诉。

---

[1] 依据《全国人民代表大会常务委员会关于修改〈中华人民共和国商标法〉的决定》（2013 年 8 月 30 日第十二届全国人民代表大会常务委员会第四次会议通过）第二十八条：“将第五章章名修改为‘注册商标的无效宣告’。”

[2] 本条第一款在 2019 年进行了修正。

1982 年	1993 年
第二十八条 对核准注册前已经提出异议并经裁定的商标，不得再以相同的事实和理由申请裁定。	**第二十八条** 对核准注册前已经提出异议并经裁定的商标，不得再以相同的事实和理由申请裁定。
第二十九条 商标评审委员会做出维持或者撤销有争议的注册商标的终局裁定后，应当书面通知有关当事人。	**第二十九条** 商标评审委员会做出维持或者**撤销注册商标**的终局裁定后，应当书面通知有关当事人。

2001 年	2013 年、2019 年
	其他单位或者个人请求商标评审委员会宣告注册商标无效的，商标评审委员会收到**申请后，**应当**书面**通知有关当事人，并限期提出答辩。**商标评审委员会应当自收到申请之日起九个月内做出维持注册商标或者宣告注册商标无效的裁定，并书面通知当事人。有特殊情况需要延长的，经国务院工商行政管理部门批准，可以延长三个月。**当事人对商标评审委员会的裁定不服的，可以自收到通知之日起三十日内向人民法院起诉。人民法院应当通知商标裁定程序的对方当事人作为第三人参加诉讼。
第四十二条 对核准注册前已经提出异议并经裁定的商标，不得再以相同的事实和理由申请裁定。	（删除）
第四十三条 商标评审委员会做出维持或者撤销注册商标的**裁定**后，应当书面通知有关当事人。 **当事人对商标评审委员会的裁定不服的，可以自收到通知之日起三十日内向人民法院起诉。人民法院应当通知商标裁定程序的对方当事人作为第三人参加诉讼。**	

1982 年	1993 年

第四十五条

已经注册的商标，违反本法第十三条**第二款和第三款**、第十五条、第十六条**第一款、第三十条**、第三十一条、**第三十二条**规定的，自商标注册之日起五年内，**在先权利人**或者利害关系人可以请求商标评审委员会**宣告该注册商标无效**。对恶意注册的，驰名商标所有人不受五年的时间限制。

商标评审委员会收到**宣告注册商标无效的**申请后，应当**书面**通知有关当事人，并限期提出答辩。商标评审委员会**应当自收到申请之日起十二个月内做出维持注册商标或者宣告注册商标无效的裁定，并**书面通知当事人。**有特殊情况需要延长的，经国务院工商行政管理部门批准，可以延长六个月。**当事人对商标评审委员会的裁定不服的，可以自收到通知之日起三十日内向人民法院起诉。人民法院应当通知商标裁定程序的对方当事人作为第三人参加诉讼。

商标评审委员会在依照前款规定对无效宣告请求进行审查的过程中，所涉及的在先权利的确定必须以人民法院正在审理或者行政机关正在处理的另一案件的结果为依据的，可以中止审查。中止原因消除后，应当恢复审查程序。

1982 年	1993 年

第四十六条（新增）

法定期限届满，当事人对商标局宣告注册商标无效的决定不申请复审或者对商标评审委员会的复审决定、维持注册商标或者宣告注册商标无效的裁定不向人民法院起诉的，商标局的决定或者商标评审委员会的复审决定、裁定生效。

第四十七条（新增）

依照本法第四十四条、第四十五条的规定宣告无效的注册商标，由商标局予以公告，该注册商标专用权视为自始即不存在。

宣告注册商标无效的决定或者裁定，对宣告无效前人民法院做出并已执行的商标侵权案件的判决、裁定、调解书和工商行政管理部门做出并已执行的商标侵权案件的处理决定以及已经履行的商标转让或者使用许可合同不具有追溯力。但是，因商标注册人的恶意给他人造成的损失，应当给予赔偿。

依照前款规定不返还商标侵权赔偿金、商标转让费、商标使用费，明显违反公平原则的，应当全部或者部分返还。

1982年	1993年
第六章　商标使用的管理	**第六章　商标使用的管理**
第三十条	**第三十条**
使用注册商标，有下列行为之一的，由商标局责令限期改正或者撤销其注册商标：	使用注册商标，有下列行为之一的，由商标局责令限期改正或者撤销其注册商标：
（1）自行改变注册商标的文字、图形或者其组合的；	（1）自行改变注册商标的文字、图形或者其组合的；
（2）自行改变注册商标的注册人名义、地址或者其他注册事项的；	（2）自行改变注册商标的注册人名义、地址或者其他注册事项的；
（3）自行转让注册商标的；	（3）自行转让注册商标的；
（4）连续三年停止使用的。	（4）连续三年停止使用的。

2001 年

第六章　商标使用的管理

第四十四条

使用注册商标，有下列行为之一的，由商标局责令限期改正或者撤销其注册商标：

（一）自行改变注册商标的；

（二）自行改变注册商标的注册人名义、地址或者其他注册事项的；

（三）自行转让注册商标的；

（四）连续三年停止使用的。

2013 年、2019 年

第六章　商标使用的管理

第四十八条（新增）

本法所称商标的使用，是指将商标用于商品、商品包装或者容器以及商品交易文书上，或者将商标用于广告宣传、展览以及其他商业活动中，用于识别商品来源的行为。

第四十九条

商标注册人在使用注册商标**的过程中**，自行改变注册商标、注册人名义、地址或者其他注册事项的，由**地方工商行政管理部**门责令限期改正；**期满不改正的，**由商标局撤销其注册商标。

注册商标成为其核定使用的商品的通用名称或者没有正当理由连续三年不使用的，任何单位或者个人可以向商标局申请撤销该注册商标。商标局应当自收到申请之日起九个月内做出决定。有特殊情况需要延长的，经国务院工商行政管理部门批准，可以延长三个月。

1982 年	1993 年
第三十一条 使用注册商标，其商品粗制滥造，以次充好，欺骗消费者的，由各级工商行政管理部门分别不同情况，责令限期改正，并可以予以通报或者处以罚款，或者由商标局撤销其注册商标。	**第三十一条** 使用注册商标，其商品粗制滥造，以次充好，欺骗消费者的，由各级工商行政管理部门分别不同情况，责令限期改正，并可以予以通报或者处以罚款，或者由商标局撤销其注册商标。
第三十二条 注册商标被撤销的或者期满不再续展的，自撤销或者注销之日起一年内，商标局对与该商标相同或者近似的商标注册申请，不予核准。	**第三十二条** 注册商标被撤销的或者期满不再续展的，自撤销或者注销之日起一年内，商标局对与该商标相同或者近似的商标注册申请，不予核准。
第三十三条 违反本法第五条规定的，由地方工商行政管理部门责令限期申请注册，可以并处罚款。	**第三十三条** 违反本法第五条规定的，由地方工商行政管理部门责令限期申请注册，可以并处罚款。
第三十四条 使用未注册商标，有下列行为之一的，由地方工商行政管理部门予以制止，限期改正，并可以予以通报或者处以罚款： （1）冒充注册商标的；	**第三十四条** 使用未注册商标，有下列行为之一的，由地方工商行政管理部门予以制止，限期改正，并可以予以通报或者处以罚款： （1）冒充注册商标的；

2001 年	2013 年、2019 年
第四十五条 使用注册商标，其商品粗制滥造，以次充好，欺骗消费者的，由各级工商行政管理部门分别不同情况，责令限期改正，并可以予以通报或者处以罚款，或者由商标局撤销其注册商标。	（删除）
第四十六条 注册商标被撤销的或者期满不再续展的，自撤销或者注销之日起一年内，商标局对与该商标相同或者近似的商标注册申请，不予核准。	**第五十条** 注册商标被撤销、被**宣告无效**或者期满不再续展的，自撤销、**宣告无效**或者注销之日起一年内，商标局对与该商标相同或者近似的商标注册申请，不予核准。
第四十七条 违反本法第六条规定的，由地方工商行政管理部门责令限期申请注册，可以并处罚款。	**第五十一条** 违反本法第六条规定的，由地方工商行政管理部门责令限期申请注册，**违法经营额五万元以上的，可以处违法经营额百分之二十以下的罚款，没有违法经营额或者违法经营额不足五万元的，可以处一万元以下的罚款。**
第四十八条 使用未注册商标，有下列行为之一的，由地方工商行政管理部门予以制止，限期改正，并可以予以通报或者处以罚款： （一）冒充注册商标的；	**第五十二条** **将未注册商标冒充注册商标使用的，或者使用未注册商标违反本法第十条规定的，**由地方工商行政管理部门予以制止，限期改正，并可以予以通报，**违法经**

1982年	1993年
（2）违反本法第八条规定的； （3）粗制滥造，以次充好，欺骗消费者的。	（2）违反本法第八条规定的； （3）粗制滥造，以次充好，欺骗消费者的。
第三十五条 对商标局撤销注册商标的决定，当事人不服的，可以在收到通知十五天内申请复审，由商标评审委员会做出终局决定，并书面通知申请人。	**第三十五条** 对商标局撤销注册商标的决定，当事人不服的，可以在收到通知十五天内申请复审，由商标评审委员会做出终局决定，并书面通知申请人。

2001年	2013年、2019年
（二）违反本法**第十条**规定的； （三）粗制滥造，以次充好，欺骗消费者的。	**营额五万元以上的，可以处违法经营额百分之二十以下的罚款，没有违法经营额或者违法经营额不足五万元的，可以处一万元以下的罚款。**
	第五十三条（新增） **违反本法第十四条第五款规定的，由地方工商行政管理部门责令改正，处十万元罚款。**
第四十九条 对商标局撤销注册商标的决定，当事人不服的，可以**自**收到通知**之日起**十五日内**向商标评审委员会**申请复审，由商标评审委员会做出**决定**，并书面通知申请人。	**第五十四条** 对商标局撤销**或者不予撤销**注册商标的决定，当事人不服的，可以自收到通知之日起十五日内向商标评审委员会申请复审。商标评审委员会**应当自收到申请之日起九个月内**做出决定，并书面通知**当事人。有特殊情况需要延长的，经国务院工商行政管理部门批准，可以延长三个月。**当事人对商标评审委员会的决定不服的，可以自收到通知之日起三十日内向人民法院起诉。
当事人对商标评审委员会的决定不服的，可以自收到通知之日起三十日内向人民法院起诉。	
	第五十五条（新增） **法定期限届满，当事人对商标局做出的撤销注册商标的决定不申请复审或者对商标评审委员会做出的复审决定不向人民法院起诉的，撤销注册商标的决定、复审决定生效。**

1982 年

第三十六条

对工商行政管理部门根据本法第三十一条、第三十三条、第三十四条的规定做出的罚款决定，当事人不服的，可以在收到通知十五天内，向人民法院起诉；期满不起诉又不履行的，由有关工商行政管理部门申请人民法院强制执行。

第七章　注册商标专用权的保护

第三十七条

注册商标的专用权，以核准注册的商标和核定使用的商品为限。

第三十八条

有下列行为之一的，均属侵犯注册商标专用权：

（1）未经注册商标所有人的许可，在同一种商品或者类似商品上使用与其注册商标相同或者近似的商标的；

（2）擅自制造或者销售他人

1993 年

第三十六条

对工商行政管理部门根据本法第三十一条、第三十三条、第三十四条的规定做出的罚款决定，当事人不服的，可以在收到通知十五天内，向人民法院起诉；期满不起诉又不履行的，由有关工商行政管理部门申请人民法院强制执行。

第七章　注册商标专用权的保护

第三十七条

注册商标的专用权，以核准注册的商标和核定使用的商品为限。

第三十八条

有下列行为之一的，均属侵犯注册商标专用权：

（1）未经注册商标所有人的许可，在同一种商品或者类似商品上使用与其注册商标相同或者近似的商标的；

（2）销售明知是假冒注册商

2001 年	2013 年、2019 年
	被撤销的注册商标，由商标局予以公告，该注册商标专用权自公告之日起终止。
第五十条 对工商行政管理部门根据本法**第四十五条、第四十七条、第四十八条**的规定做出的罚款决定，当事人不服的，可以**自**收到通知**之日起**十五**日**内，向人民法院起诉；期满不起诉又不履行的，由有关工商行政管理部门申请人民法院强制执行。	（删除）
第七章　注册商标专用权的保护	**第七章　注册商标专用权的保护**
第五十一条 注册商标的专用权，以核准注册的商标和核定使用的商品为限。	**第五十六条** 注册商标的专用权，以核准注册的商标和核定使用的商品为限。
第五十二条 有下列行为之一的，均属侵犯注册商标专用权： （一）未经**商标注册人**的许可，在同一种商品或者类似商品上使用与其注册商标相同或者近似的商标的； （二）销售**侵犯注册商标专**	**第五十七条** 有下列行为之一的，均属侵犯注册商标专用权： **（一）**未经商标注册人的许可，**在同一种商品上使用与其注册商标相同的商标的；** **（二）**未经商标注册人的许可，**在同一种商品上使用与其注**

1982 年	1993 年
注册商标标识的； （3）给他人的注册商标专用权造成其他损害的。	**标的商品的；** **（3）伪造、擅自制造他人注册商标标识或者销售伪造、擅自制造的注册商标标识的；** （4）给他人的注册商标专用权造成其他损害的。

2001 年	2013 年、2019 年
用权的商品的； （三）伪造、擅自制造他人注册商标标识或者销售伪造、擅自制造的注册商标标识的； **（四）未经商标注册人同意，更换其注册商标并将该更换商标的商品又投入市场的；** （五）给他人的注册商标专用权造成其他损害的。	**册商标近似的商标，或者在类似商品上使用与其注册商标相同或者近似的商标，容易导致混淆的；** （三）销售侵犯注册商标专用权的商品的； （四）伪造、擅自制造他人注册商标标识或者销售伪造、擅自制造的注册商标标识的； （五）未经商标注册人同意，更换其注册商标并将该更换商标的商品又投入市场的； **（六）故意为侵犯他人商标专用权行为提供便利条件，帮助他人实施侵犯商标专用权行为的；** （七）给他人的注册商标专用权造成其他损害的。 **第五十八条**（新增） **将他人注册商标、未注册的驰名商标作为企业名称中的字号使用，误导公众，构成不正当竞争行为的，依照《中华人民共和国反不正当竞争法》处理。**

1982 年	1993 年
第三十九条	**第三十九条**
有本法第三十八条所列侵犯注册商标专用权行为之一的，被侵权人可以向侵权人所在地的县级以上工商行政管理部门要求处理。有关工商行政管理部门有权责令侵权人立即停止侵权行为，赔偿被侵权人的损失，赔偿额为	有本法第三十八条所列侵犯注册商标专用权行为之一的，被侵权人可以向**县级以上工商行政管理部门**要求处理，有关工商行政管理部门有权责令侵权人立即停止侵权行为，赔偿被侵权人的损失，赔偿额为侵权人在侵权期

2001 年	2013 年、2019 年
	第五十九条（新增） **注册商标中含有的本商品的通用名称、图形、型号，或者直接表示商品的质量、主要原料、功能、用途、重量、数量及其他特点，或者含有的地名，注册商标专用权人无权禁止他人正当使用。** **三维标志注册商标中含有的商品自身的性质产生的形状、为获得技术效果而需有的商品形状或者使商品具有实质性价值的形状，注册商标专用权人无权禁止他人正当使用。** **商标注册人申请商标注册前，他人已经在同一种商品或者类似商品上先于商标注册人使用与注册商标相同或者近似并有一定影响的商标的，注册商标专用权人无权禁止该使用人在原使用范围内继续使用该商标，但可以要求其附加适当区别标识。**
第五十三条 有本法第**五十二条**所列侵犯注册商标专用权行为之一，**引起纠纷的，由当事人协商解决；不愿协商或者协商不成的，商标注册人或者利害关系人可以向人民法院起诉，也可以请求工商行政管理部门处理。工商行政管理部**	**第六十条** 有本法第**五十七条**所列侵犯注册商标专用权行为之一，引起纠纷的，由当事人协商解决；不愿协商或者协商不成的，商标注册人或者利害关系人可以向人民法院起诉，也可以请求工商行政管理部门处理。

1982年	1993年
侵权人在侵权期间因侵权所获得的利润或者被侵权人在被侵权期间因被侵权所受到的损失；对情节严重的，可以并处罚款。当事人不服的，可以在收到通知十五天内，向人民法院起诉；期满不起诉又不履行的，由有关工商行政管理部门申请人民法院强制执行。	间因侵权所获得的利润或者被侵权人在被侵权期间因被侵权所受到的损失。**侵犯注册商标专用权，未构成犯罪的，工商行政管理部门可以处以罚款。当事人对工商行政管理部门责令停止侵权行为、罚款的处理决定不服的，**可以在收到通知十五天内，向人民法院起诉；期满不起诉又不履行的，由有关工商行政管理部门申请人民法院强制执行。
对侵犯注册商标专用权的，被侵权人也可以直接向人民法院起诉。	对侵犯注册商标专用权的，被侵权人也可以直接向人民法院起诉。

门处理时，认定侵权行为成立的，责令立即停止侵权行为，没收、销毁侵权商品和专门用于制造侵权商品、伪造注册商标标识的工具，并可处以罚款。当事人对处理决定不服的，可以自收到处理通知之日起十五日内依照《中华人民共和国行政诉讼法》向人民法院起诉；侵权人期满不起诉又不履行的，工商行政管理部门可以申请人民法院强制执行。进行处理的工商行政管理部门根据当事人的请求，可以就侵犯商标专用权的赔偿数额进行调解；调解不成的，当事人可以依照《中华人民共和国民事诉讼法》向人民法院起诉。

第五十四条（新增）

对侵犯注册商标专用权的行为，工商行政管理部门有权依法查处；涉嫌犯罪的，应当及时移送司法机关依法处理。

工商行政管理部门处理时，认定侵权行为成立的，责令立即停止侵权行为，没收、销毁侵权商品和**主要**用于制造侵权商品、伪造注册商标标识的工具，**违法经营额五万元以上的，可以处违法经营额五倍以下的罚款，没有违法经营额或者违法经营额不足五万元的，可以处二十五万元以下的罚款。对五年内实施两次以上商标侵权行为或者有其他严重情节的，应当从重处罚。销售不知道是侵犯注册商标专用权的商品，能证明该商品是自己合法取得并说明提供者的，由工商行政管理部门责令停止销售。**

对侵犯商标专用权的赔偿数额的争议，当事人可以请求进行处理的工商行政管理部门调解，也可以依照《中华人民共和国民事诉讼法》向人民法院起诉。经工商行政管理部门调解，当事人未达成协议或者调解书生效后不履行的，当事人可以依照《中华人民共和国民事诉讼法》向人民法院起诉。

第六十一条

对侵犯注册商标专用权的行为，工商行政管理部门有权依法查处；涉嫌犯罪的，应当及时移送司法机关依法处理。

1982 年

1993 年

2001 年	2013 年、2019 年
第五十五条（新增）	**第六十二条**
县级以上工商行政管理部门根据已经取得的违法嫌疑证据或者举报，对涉嫌侵犯他人注册商标专用权的行为进行查处时，可以行使下列职权：	县级以上工商行政管理部门根据已经取得的违法嫌疑证据或者举报，对涉嫌侵犯他人注册商标专用权的行为进行查处时，可以行使下列职权：
（一）询问有关当事人，调查与侵犯他人注册商标专用权有关的情况；	（一）询问有关当事人，调查与侵犯他人注册商标专用权有关的情况；
（二）查阅、复制当事人与侵权活动有关的合同、发票、帐[1]簿以及其他有关资料；	（二）查阅、复制当事人与侵权活动有关的合同、发票、**账**簿以及其他有关资料；
（三）对当事人涉嫌从事侵犯他人注册商标专用权活动的场所实施现场检查；	（三）对当事人涉嫌从事侵犯他人注册商标专用权活动的场所实施现场检查；
（四）检查与侵权活动有关的物品；对有证据证明是侵犯他人注册商标专用权的物品，可以查封或者扣押。	（四）检查与侵权活动有关的物品；对有证据证明是侵犯他人注册商标专用权的物品，可以查封或者扣押。
工商行政管理部门依法行使前款规定的职权时，当事人应当予以协助、配合，不得拒绝、阻挠。	工商行政管理部门依法行使前款规定的职权时，当事人应当予以协助、配合，不得拒绝、阻挠。
	在查处商标侵权案件过程中，对商标权属存在争议或者权利人同时向人民法院提起商标侵权诉讼的，工商行政管理部门可以中止案件的查处。中止原因消除后，应当恢复或者终结案件查处程序。

[1] 编辑说明：根据2001年10月27日第九届全国人民代表大会常务委员会第二十四次会议通过的《关于修改〈中华人民共和国商标法〉的决定》第三十九条，此处为“帐”，但正确用法应为“账”。

1982 年

1993 年

2001 年

第五十六条（新增）

侵犯商标专用权的赔偿数额，为侵权人在侵权期间因侵权所获得的利益，或者被侵权人在被侵权期间因被侵权所受到的损失，包括被侵权人为制止侵权行为所支付的合理开支。

前款所称侵权人因侵权所得利益，或者被侵权人因被侵权所受损失难以确定的，由人民法院根据侵权行为的情节判决给予五十万元以下的赔偿。

销售不知道是侵犯注册商标专用权的商品，能证明该商品是自己合法取得的并说明提供者的，不承担赔偿责任。

2013 年、2019 年

第六十三条❶

侵犯商标专用权的赔偿数额，按照权利人因被侵权所受到的实际损失确定；实际损失难以确定的，可以按照侵权人因侵权所获得的利益确定；权利人的损失或者侵权人获得的利益难以确定的，参照该商标许可使用费的倍数合理确定。对恶意侵犯商标专用权，情节严重的，可以在按照上述方法确定数额的一倍以上五倍以下确定赔偿数额。赔偿数额应当包括权利人为制止侵权行为所支付的合理开支。

人民法院为确定赔偿数额，在权利人已经尽力举证，而与侵权行为相关的账簿、资料主要由侵权人掌握的情况下，可以责令侵权人提供与侵权行为相关的账簿、资料；侵权人不提供或者提供虚假的账簿、资料的，人民法院可以参考权利人的主张和提供的证据判定赔偿数额。

权利人因被侵权所受到的实际损失、侵权人因侵权所获得的利益、注册商标许可使用费难以确定的，由人民法院根据侵权行为的情节判决给予五百万元以下的赔偿。

---

❶ 本条第一款、第三款在 2019 年进行了修正，第四款、第五款为 2019 年新增内容。

1982 年	1993 年

人民法院审理商标纠纷案件，应权利人请求，对属于假冒注册商标的商品，除特殊情况外，责令销毁；对主要用于制造假冒注册商标的商品的材料、工具，责令销毁，且不予补偿；或者在特殊情况下，责令禁止前述材料、工具进入商业渠道，且不予补偿。

假冒注册商标的商品不得在仅去除假冒注册商标后进入商业渠道。

第六十四条（新增）

注册商标专用权人请求赔偿，被控侵权人以注册商标专用权人未使用注册商标提出抗辩的，人民法院可以要求注册商标专用权人提供此前三年内实际使用该注册商标的证据。注册商标专用权人不能证明此前三年内实际使用过该注册商标，也不能证明因侵权行为受到其他损失的，被控侵权人不承担赔偿责任。

销售不知道是侵犯注册商标专用权的商品，能证明该商品是自己合法取得并说明提供者的，不承担赔偿责任。

1982 年	1993 年
第四十条 假冒他人注册商标，包括擅自制造或者销售他人注册商标标	**第四十条** 假冒他人注册商标，**构成犯罪的**，除赔偿被侵权人的损失外，

2001 年	2013 年、2019 年
第五十七条（新增） 商标注册人或者利害关系人有证据证明他人正在实施或者即将实施侵犯其注册商标专用权的行为，如不及时制止，将会使其合法权益受到难以弥补的损害的，可以在起诉前向人民法院申请采取责令停止有关行为和财产保全的措施。 人民法院处理前款申请，适用《中华人民共和国民事诉讼法》第九十三条至第九十六条和第九十九条的规定。	**第六十五条** 商标注册人或者利害关系人有证据证明他人正在实施或者即将实施侵犯其注册商标专用权的行为，如不及时制止将会使其合法权益受到难以弥补的损害的，可以**依法**在起诉前向人民法院申请采取责令停止有关行为和财产保全的措施。
第五十八条（新增） 为制止侵权行为，在证据可能灭失或者以后难以取得的情况下，商标注册人或者利害关系人可以在起诉前向人民法院申请保全证据。 人民法院接受申请后，必须在四十八小时内做出裁定；裁定采取保全措施的，应当立即开始执行。 人民法院可以责令申请人提供担保，申请人不提供担保的，驳回申请。 申请人在人民法院采取保全措施后十五日内不起诉的，人民法院应当解除保全措施。	**第六十六条** 为制止侵权行为，在证据可能灭失或者以后难以取得的情况下，商标注册人或者利害关系人可以**依法**在起诉前向人民法院申请保全证据。
第五十九条 未经商标注册人许可，在同一种商品上使用与其注册商标相	**第六十七条** 未经商标注册人许可，在同一种商品上使用与其注册商标相

1982年	1993年
识的，除赔偿被侵权人的损失，可以并处罚款外，对直接责任人员由司法机关依法追究刑事责任。	**依法追究刑事责任。** **伪造、擅自制造他人注册商标标识或者销售伪造、擅自制造的注册商标标识，构成犯罪的，除赔偿被侵权人的损失外，依法追究刑事责任。** **销售明知是假冒注册商标的商品，构成犯罪的，除赔偿被侵权人的损失外，依法追究刑事责任。**

2001 年	2013 年、2019 年
同的商标，构成犯罪的，除赔偿被侵权人的损失外，依法追究刑事责任。 伪造、擅自制造他人注册商标标识或者销售伪造、擅自制造的注册商标标识，构成犯罪的，除赔偿被侵权人的损失外，依法追究刑事责任。 销售明知是假冒注册商标的商品，构成犯罪的，除赔偿被侵权人的损失外，依法追究刑事责任。	同的商标，构成犯罪的，除赔偿被侵权人的损失外，依法追究刑事责任。 伪造、擅自制造他人注册商标标识或者销售伪造、擅自制造的注册商标标识，构成犯罪的，除赔偿被侵权人的损失外，依法追究刑事责任。 销售明知是假冒注册商标的商品，构成犯罪的，除赔偿被侵权人的损失外，依法追究刑事责任。 **第六十八条**（新增）[1] **商标代理机构有下列行为之一的，由工商行政管理部门责令限期改正，给予警告，处一万元以上十万元以下的罚款；对直接负责的主管人员和其他直接责任人员给予警告，处五千元以上五万元以下的罚款；构成犯罪的，依法追究刑事责任：** **（一）办理商标事宜过程中，伪造、变造或者使用伪造、变造的法律文件、印章、签名的；** **（二）以诋毁其他商标代理机构等手段招徕商标代理业务或者以其他不正当手段扰乱商标代理市场秩序的；**

[1] 本条第一款第（三）项在2019年进行了修正，第四款为2019年新增内容。

1982 年	1993 年

（三）违反本法第四条、第十九条第三款和第四款规定的。

商标代理机构有前款规定行为的，由工商行政管理部门记入信用档案；情节严重的，商标局、商标评审委员会并可以决定停止受理其办理商标代理业务，予以公告。

商标代理机构违反诚实信用原则，侵害委托人合法利益的，应当依法承担民事责任，并由商标代理行业组织按照章程规定予以惩戒。

对恶意申请商标注册的，根据情节给予警告、罚款等行政处罚；对恶意提起商标诉讼的，由人民法院依法给予处罚。

第六十条（新增）

从事商标注册、管理和复审工作的国家机关工作人员必须秉公执法，廉洁自律，忠于职守，文明服务。

商标局、商标评审委员会以及从事商标注册、管理和复审工作的国家机关工作人员不得从事商标代理业务和商品生产经营活动。

第六十九条

从事商标注册、管理和复审工作的国家机关工作人员必须秉公执法，廉洁自律，忠于职守，文明服务。

商标局、商标评审委员会以及从事商标注册、管理和复审工作的国家机关工作人员不得从事商标代理业务和商品生产经营活动。

1982年	1993年
第八章 附 则	**第八章 附 则**
第四十一条 申请商标注册和办理其他商标事宜的，应当缴纳费用，具体收费标准另定。	**第四十一条** 申请商标注册和办理其他商标事宜的，应当缴纳费用，具体收费标准另定。
第四十二条 本法的实施细则，由国务院工商行政管理部门制定，报国务院批准施行。	**第四十二条** 本法的实施细则，由国务院工商行政管理部门制定，报国务院批准施行。

2001年	2013年、2019年
第六十一条（新增） **工商行政管理部门应当建立健全内部监督制度，对负责商标注册、管理和复审工作的国家机关工作人员执行法律、行政法规和遵守纪律的情况，进行监督检查。**	**第七十条** 工商行政管理部门应当建立健全内部监督制度，对负责商标注册、管理和复审工作的国家机关工作人员执行法律、行政法规和遵守纪律的情况，进行监督检查。
第六十二条（新增） **从事商标注册、管理和复审工作的国家机关工作人员玩忽职守、滥用职权、徇私舞弊，违法办理商标注册、管理和复审事项，收受当事人财物，牟取不正当利益，构成犯罪的，依法追究刑事责任；尚不构成犯罪的，依法给予行政处分。**	**第七十一条** 从事商标注册、管理和复审工作的国家机关工作人员玩忽职守、滥用职权、徇私舞弊，违法办理商标注册、管理和复审事项，收受当事人财物，牟取不正当利益，构成犯罪的，依法追究刑事责任；尚不构成犯罪的，依法给予**处分**。
第八章　附　则	**第八章　附　则**
第六十三条 申请商标注册和办理其他商标事宜的，应当缴纳费用，具体收费标准另定。	**第七十二条** 申请商标注册和办理其他商标事宜的，应当缴纳费用，具体收费标准另定。
（删除）	

1982 年

第四十三条

本法自 1983 年 3 月 1 日起施行。1963 年 4 月 10 日国务院公布的《商标管理条例》同时废止；其他有关商标管理的规定，凡与本法抵触的，同时失效。

本法施行以前已经注册的商标继续有效。

1993 年

第四十三条

本法自 1983 年 3 月 1 日起施行。1963 年 4 月 10 日国务院公布的《商标管理条例》同时废止；其他有关商标管理的规定，凡与本法抵触的，同时失效。

本法施行以前已经注册的商标继续有效。

2001 年

第六十四条

本法自 1983 年 3 月 1 日起施行。1963 年4 月 10 日国务院公布的《商标管理条例》同时废止；其他有关商标管理的规定，凡与本法抵触的，同时失效。

本法施行**前**已经注册的商标继续有效。

2013 年、2019 年

第七十三条

本法自 1983 年 3 月 1 日起施行。1963 年4 月 10 日国务院公布的《商标管理条例》同时废止；其他有关商标管理的规定，凡与本法抵触的，同时失效。

本法施行前已经注册的商标继续有效。

《商标法实施条例》（1983 年）及历次修改（1993 年、2002 年、2014 年）条文对照[1]

---

[1] 1988 年 1 月 3 日及 1995 年 4 月 23 日，国务院分别批准对 1983 年及 1993 年的《商标法实施细则》部分内容进行了修正。限于版面，本对照表中将两次修正的内容分别在 1993 年、2002 年的相关条款中标注。

1983 年	1993 年
	第一章　总　则
第一条 根据《中华人民共和国商标法》（以下简称《商标法》）第四十二条的规定，特制定本实施细则。	**第一条** 根据《中华人民共和国商标法》（以下简称《商标法》）第四十二条规定，制定本实施细则。
第二条 申请商标注册的，必须是依法登记的企业、事业单位和个体工商业者，或者是《商标法》第九条规定的外国人或外国企业。	**第二条**[1] **商标注册申请人**，必须是依法**成立**的企业、事业单位、**社会团体、个体工商户、个人合伙以及符合**《商标法》第九条规定的外国人或者外国企业。 **本实施细则有关商品商标的规定，适用于服务商标。**
第二十九条 外国人或者外国企业申请商标注册和申请办理其他商标事宜，应当委托中国国际贸易促进委员会代理。	**第三条**[2] **申请商标注册、转让注册、续展注册、变更注册人名义或者地址、补发《商标注册证》等有关事项，申请人可以委托国家工商行政管理局认可的商标代理组织代理，也可以直接办理。** 外国人或者外国企业**在中国**申请商标注册**或者**办理其他商标事宜，应当委托**国家工商行政管理局指定的商标代理组织代理**。

[1] 本条曾于1988年进行过修正。

[2] 本条曾于1988年进行过修正。

2002年

第一章 总 则

第一条

根据《中华人民共和国商标法》（以下简称商标法），制定本**条例**。

第二条

本**条例**有关商品商标的规定，适用于服务商标。

2014年

第一章 总 则

第一条

根据《中华人民共和国商标法》（以下简称商标法），制定本条例。

第二条

本条例有关商品商标的规定，适用于服务商标。

商标国际注册，依照《商标国际注册马德里协定》办理。

第四条（新增）[1]

申请商标注册、转让注册、续展注册、变更、补证、评审及其他有关事项，必须按照规定缴纳费用。

1983 年	1993 年
第六条 商标局应当设置“商标注册簿”，登录注册商标及有关注册事项。	第五条[2] 国家工商行政管理局商标局（以下简称商标局）设置《商标注册簿》，记载注册商标及有关注册事项。 商标局编印发行《商标公告》，刊登商标注册及其他有关事项。

第六条（新增）

依照《商标法》第三条规定，经商标局核准注册的集体商标、证明商标，受法律保护。

集体商标、证明商标的注册和管理办法，由国家工商行政管理局会同国务院有关部门另行制定。

[1] 本条为 1988 年新增内容。

[2] 本条曾于 1988 年进行过修正。

2002年	2014年
（见第五十七条）	（见第九十四条）

1983 年	1993 年
第四条 药品必须使用注册商标。 申请药品商标注册，应当附送省、自治区、直辖市卫生厅、局的批准生产的证明文件。	**第七条**[1] **国家规定并由国家工商行政管理局公布的人用药品和烟草制品，必须使用注册商标。** **国家规定必须使用注册商标的其他商品，由国家工商行政管理局公布。**
	第八条（新增）[2] **国家工商行政管理局设立商标评审委员会，对依照《商标法》和本实施细则规定提出的评审事宜，做出终局决定、裁定。**

❶ 本条曾于1988年进行过修正。

❷ 本条为1988年新增内容。

2002年	2014年
第三条（新增） **商标法和本条例所称商标的使用，包括将商标用于商品、商品包装或者容器以及商品交易文书上，或者将商标用于广告宣传、展览以及其他商业活动中。**	（修改后作为2013年《商标法》第四十八条）
第四条 **商标法第六条所称国家规定必须使用注册商标的商品，是指法律、行政法规规定的必须使用注册商标的商品。**	（删除）
（删除）	

1983 年	1993 年

2002 年

第五条（新增）

依照商标法和本条例的规定，在商标注册、商标评审过程中产生争议时，有关当事人认为其商标构成驰名商标的，可以相应向商标局或者商标评审委员会请求认定驰名商标，驳回违反商标法第十三条规定的商标注册申请或者撤销违反商标法第十三条规定的商标注册。有关当事人提出申请时，应当提交其商标构成驰名商标的证据材料。

商标局、商标评审委员会根据当事人的请求，在查明事实的基础上，依照商标法第十四条的规定，认定其商标是否构成驰名商标。

第六条（新增）

商标法第十六条规定的地理标志，可以依照商标法和本条例的规定，作为证明商标或者集体商标申请注册。

以地理标志作为证明商标注册的，其商品符合使用该地理标志条件的自然人、法人或者其他组织可以要求使用该证明商标，控制该证明商标的组织应当允许。以地理标志作为集体商标注册的，其商品符合使用该地理标志条件的自然人、法人或者其他组织，可以要求参加以该地理标

2014 年

第三条

商标持有人依照商标法第十三条规定请求驰名商标保护的，应当提交其商标构成驰名商标的证据材料。商标局、商标评审委员会应当依照商标法第十四条的规定，根据审查、处理案件的需要以及当事人提交的证据材料，对其商标驰名情况作出认定。

第四条

商标法第十六条规定的地理标志，可以依照商标法和本条例的规定，作为证明商标或者集体商标申请注册。

以地理标志作为证明商标注册的，其商品符合使用该地理标志条件的自然人、法人或者其他组织可以要求使用该证明商标，控制该证明商标的组织应当允许。以地理标志作为集体商标注册的，其商品符合使用该地理标志条件的自然人、法人或者其他组织，可以要求参加以该地理标

1983 年

第三十条

外国人或者外国企业申请商标注册、转让注册和续展注册，除应当交送的申请文件和费用外，并交送代理人委托书（书式十二）一份。

代理人委托书应当载明代理权限和委托人的国籍。

第三十一条

外国人或者外国企业申请商标注册和申请办理其他商标事宜的，应当使用中国文字。

代理人委托书和有关证明应当经过公证手续，认证按对等原则办理。是外文的应当附中文译本。

1993 年

第十四条[1]

申请人委托商标代理组织申请办理商标注册或者办理其他商标事宜，应当交送代理人委托书一份。代理人委托书应当载明代理内容及权限，外国人或者外国企业的代理人委托书还应当载明委托人的国籍。

外国人或者外国企业申请商标注册**或者**办理其他商标事宜，应当使用**中文**。代理人委托书和有关证明**的公证、认证手续，按照**对等原则办理。**外文书件**应当附中文译本。

[1] 本条曾于 1988 年进行过修正。

2002 年	2014 年
志作为集体商标注册的团体、协会或者其他组织，该团体、协会或者其他组织应当依据其章程接纳为会员；不要求参加以该地理标志作为集体商标注册的团体、协会或者其他组织的，也可以正当使用该地理标志，该团体、协会或者其他组织无权禁止。	志作为集体商标注册的团体、协会或者其他组织，该团体、协会或者其他组织应当依据其章程接纳为会员；不要求参加以该地理标志作为集体商标注册的团体、协会或者其他组织的，也可以正当使用该地理标志，该团体、协会或者其他组织无权禁止。
第七条	**第五条**
当事人委托商标代理组织申请商标注册或者办理其他商标事宜，应当提交代理委托书。代理委托书应当载明代理内容及权限；外国人或者外国企业的代理委托书还应当载明委托人的国籍。	当事人委托商标代理机构申请商标注册或者办理其他商标事宜，应当提交代理委托书。代理委托书应当载明代理内容及权限；外国人或者外国企业的代理委托书还应当载明委托人的国籍。
外国人或者外国企业的代理委托书及与其有关的证明文件的公证、认证手续，按照对等原则办理。	外国人或者外国企业的代理委托书及与其有关的证明文件的公证、认证手续，按照对等原则办理。
	申请商标注册或者转让商标，商标注册申请人或者商标转让受让人为外国人或者外国企业的，应当在申请书中指定中国境内接收人负责接收商标局、商标评审委员会后继商标业务的法律文件。商标局、商标评审委员会后继商标业务的法律文件向中国境内接收人送达。
商标法第十八条所称外国人或者外国企业，是指在中国没有经常居所或者营业所的外国人或者外国企业。	商标法第十八条所称外国人或者外国企业，是指在中国没有经常居所或者营业所的外国人或者外国企业。

1983 年	1993 年
（见第三十一条）	（见第十四条）

2002 年	2014 年
第八条 申请商标注册或者办理其他商标事宜，应当使用中文。 **依照商标法和本条例规定提交的各种证件、证明文件和证据材料是外文的，应当附送中文译文；未附送的，视为未提交该证件、证明文件或者证据材料。**	**第六条** 申请商标注册或者办理其他商标事宜，应当使用中文。 依照商标法和本条例规定提交的各种证件、证明文件和证据材料是外文的，应当附送中文译文；未附送的，视为未提交该证件、证明文件或者证据材料。
第九条（新增） **商标局、商标评审委员会工作人员有下列情形之一的，应当回避，当事人或者利害关系人可以要求其回避：** **（一）是当事人或者当事人、代理人的近亲属的；** **（二）与当事人、代理人有其他关系，可能影响公正的；** **（三）与申请商标注册或者办理其他商标事宜有利害关系的。**	**第七条** 商标局、商标评审委员会工作人员有下列情形之一的，应当回避，当事人或者利害关系人可以要求其回避： （一）是当事人或者当事人、代理人的近亲属的； （二）与当事人、代理人有其他关系，可能影响公正的； （三）与申请商标注册或者办理其他商标事宜有利害关系的。
	第八条（新增） **以商标法第二十二条规定的数据电文方式提交商标注册申请等有关文件，应当按照商标局或者商标评审委员会的规定通过互联网提交。**

1983年	1993年
	（见第四十六条）

2002 年	2014 年
第十条	**第九条**
除本条例另有规定的外，当事人向商标局或者商标评审委员会提交文件或者材料的日期，直接递交的，以递交日为准；邮寄的，以寄出的邮戳日为准；邮戳日不清晰或者没有邮戳的，以商标局或者商标评审委员会实际收到日为准，但是当事人能够提出实际邮戳日证据的除外。	除本条例**第十八条规定的情形**外，当事人向商标局或者商标评审委员会提交文件或者材料的日期，直接递交的，以递交日为准；邮寄的，以寄出的邮戳日为准；邮戳日不清晰或者没有邮戳的，以商标局或者商标评审委员会实际收到日为准，但是当事人能够提出实际邮戳日证据的除外。**通过邮政企业以外的快递企业递交的，以快递企业收寄日为准；收寄日不明确的，以商标局或者商标评审委员会实际收到日为准，但是当事人能够提出实际收寄日证据的除外。以数据电文方式提交的，以进入商标局或者商标评审委员会电子系统的日期为准。** **当事人向商标局或者商标评审委员会邮寄文件，应当使用给据邮件。** **当事人向商标局或者商标评审委员会提交文件，以书面方式提交的，以商标局或者商标评审委员会所存档案记录为准；以数据电文方式提交的，以商标局或者商标评审委员会数据库记录为准，但是当事人确有证据证明商标局或者商标评审委员会档案、数据库记录有错误的除外。**

1983 年	1993 年

2002 年	2014 年
第十一条（新增）	**第十条**
商标局或者商标评审委员会的各种文件，可以通过邮寄、直接递交或者其他方式送达当事人。当事人委托商标代理组织的，文件送达商标代理组织视为送达当事人。	商标局或者商标评审委员会的各种文件，可以通过邮寄、直接递交、**数据电文**或者其他方式送达当事人；**以数据电文方式送达当事人的，应当经当事人同意。**当事人委托商标代理**机构**的，文件送达商标代理**机构**视为送达当事人。
商标局或者商标评审委员会向当事人送达各种文件的日期，邮寄的，以当事人收到的邮戳日为准；邮戳日不清晰或者没有邮戳的，自文件发出之日起满 15 日，视为送达当事人；直接递交的，以递交日为准。文件无法邮寄或者无法直接递交的，可以通过公告方式送达当事人，自公告发布之日起满 30 日，该文件视为已经送达。	商标局或者商标评审委员会向当事人送达各种文件的日期，邮寄的，以当事人收到的邮戳日为准；邮戳日不清晰或者没有邮戳的，自文件发出之日起满 15 日视为送达当事人，**但是当事人能够证明实际收到日的除外**；直接递交的，以递交日为准；**以数据电文方式送达的，自文件发出之日起满 15 日视为送达当事人，但是当事人能够证明文件进入其电子系统日期的除外。文件通过上述方式无法送达的，**可以通过公告方式送达，自公告发布之日起满 30 日，该文件视为送达**当事人。**
	第十一条（新增）
	下列期间不计入商标审查、审理期限：
	（一）商标局、商标评审委员会文件公告送达的期间；

1983 年	1993 年
	（见第三条）

2002年	2014年
	（二）当事人需要补充证据或者补正文件的期间以及因当事人更换需要重新答辩的期间； （三）同日申请提交使用证据及协商、抽签需要的期间； （四）需要等待优先权确定的期间； （五）审查、审理过程中，依案件申请人的请求等待在先权利案件审理结果的期间。
	第十二条（新增） 除本条第二款规定的情形外，商标法和本条例规定的各种期限开始的当日不计算在期限内。期限以年或者月计算的，以期限最后一月的相应日为期限届满日；该月无相应日的，以该月最后一日为期限届满日；期限届满日是节假日的，以节假日后的第一个工作日为期限届满日。 商标法第三十九条、第四十条规定的注册商标有效期从法定日开始起算，期限最后一月相应日的前一日为期限届满日，该月无相应日的，以该月最后一日为期限届满日。
第十二条 商标国际注册**依照我国加入的有关国际条约**办理。**具体办法由国务院工商行政管理部门规定。**	（删除）

1983年	1993年
	第二章　商标注册的申请
第三条	**第九条**[1]
申请商标注册，应当依照商品分类表按类分别申请，每一个商标申请交送商标注册申请书（书式一）一份，商标图样十张（指定颜色的，应当交送着色图样和商标黑白墨稿一张）。	申请商标注册，应当依照**公布的**商品分类表**按类**申请。每一个商标**注册**申请**应当向商标局**交送《**商标注册申请书**》一份、商标图样十**份**（指定颜色的**彩色商标**，应当交送着色图样十份）、黑白墨稿一**份**。
商标图样要用光洁耐用的纸张印制，长和宽不得超过十厘米。硬质的、塑料的以及其他不能粘贴的，应当用纸张印制或绘制的图样或照片代替。	商标图样**必须清晰、便于粘贴**，用光洁耐用的**纸张印制或者用照片代替**，长和宽**应当不大于**十厘米，**不小于五厘米**。

[1] 本条曾于1988年进行过修正。

2002年

第二章 商标注册的申请

第十三条

申请商标注册，应当**按照**公布的商品**和服务分类表**按类申请。每一**件**商标注册申请应当向商标局**提交**《商标注册申请书》**1**份、商标图样**5**份；**指定颜色的，并应当提交着色图样5份、黑白稿1份。**

商标图样必须清晰、便于粘贴，用光洁耐用的纸张印制或者用照片代替，长或者宽应当不大于**10**厘米，不小于**5**厘米。

以三维标志申请注册商标的，应当在申请书中予以声明，并提交能够确定三维形状的图样。

以颜色组合申请注册商标的，应当在申请书中予以声明，并提交文字说明。

申请注册集体商标、证明商标的，应当在申请书中予以声明，并提交主体资格证明文件和使用管理规则。

商标为外文或者包含外文的，应当说明含义。

2014年

第二章 商标注册的申请

第十三条

申请商标注册，应当按照公布的商品和服务分类表**填报**。每一件商标注册申请应当向商标局提交《商标注册申请书》1份、商标图样**1**份；**以颜色组合或者着色图样申请商标注册的，应当提交着色图样，并提交**黑白稿1份；**不指定颜色的，应当提交黑白图样。**

商标图样**应当**清晰，便于粘贴，用光洁耐用的纸张印制或者用照片代替，长**和**宽应当不大于10厘米，不小于5厘米。

以三维标志申请**商标注册**的，应当在申请书中予以声明，**说明商标的使用方式**，并提交能够确定三维形状的图样，**提交的商标图样应当至少包含三面视图。**

以颜色组合申请**商标注册**的，应当在申请书中予以声明，**说明商标的使用方式。**

以声音标志申请商标注册的，应当在申请书中予以声明，提交符合要求的声音样本，对申

1983年	1993年
	第十一条（新增）[1] 申请人用药品商标注册，应当附送卫生行政部门发给的证明文件。

[1] 本条为1988年新增内容。

2002 年	2014 年
	请注册的声音商标进行描述，说明商标的使用方式。对声音商标进行描述，应当以五线谱或者简谱对申请用作商标的声音加以描述并附加文字说明；无法以五线谱或者简谱描述的，应当以文字加以描述；商标描述与声音样本应当一致。 申请注册集体商标、证明商标的，应当在申请书中予以声明，并提交主体资格证明文件和使用管理规则。 商标为外文或者包含外文的，应当说明含义。
第十四条（新增） **申请商标注册的，申请人应当提交能够证明其身份的有效证件的复印件。商标注册申请人的名义应当与所提交的证件相一致。**	第十四条 申请商标注册的，申请人应当提交**其身份证明文件**。商标注册申请人的名义与所提交的**证明文件**应当一致。 **前款关于申请人提交其身份证明文件的规定适用于向商标局提出的办理变更、转让、续展、异议、撤销等其他商标事宜。**

申请卷烟、雪茄烟和有包装烟丝的商标注册，应当附送国家烟草主管机关批准生产的证明文件。

申请国家规定必须使用注册商标的其他商品的商标注册，应当附送有关主管部门的批准证明文件。

第十条（新增）[1]

商标注册申请等有关书件，应当使用钢笔、毛笔或者打字机填写，应当字迹工整、清晰。

商标注册申请人的名义、章戳，应当与核准或者登记的名称一致。申报的商品不得超出核准或者登记的经营范围。商品名称应当依照商品分类表填写；商品名称未列入商品分类表的，应当附送商品说明。

[1] 本条为1988年新增内容。

2002年	2014年
第十五条	**第十五条**
商品名称**或者服务项目**应当**按照**商品**和服务**分类表填写；商品名称**或者服务项目**未列入商品**和服务**分类表的，应当附送**对该商品或者服务的**说明。	**商品或者服务项目名称**应当按照商品和服务分类表中**的类别号、名称**填写；**商品或者服务项目名称**未列入商品和服务分类表的，应当附送对该商品或者服务的说明。
商标注册申请等有关**文件**，应当**打字或者印刷**。	商标注册申请等有关文件**以纸质方式提出的**，应当打字或者印刷。
	本条第二款规定适用于办理其他商标事宜。
第十六条（新增）	**第十六条**
共同申请注册同一商标的，应当在申请书中指定一个代表人；没有指定代表人的，以申请书中顺序排列的第一人为代表人。	共同申请注册同一商标**或者办理其他共有商标事宜的**，应当在申请书中指定一个代表人；没有指定代表人的，以申请书中顺序排列的第一人为代表人。
	商标局和商标评审委员会的文件应当送达代表人。

1983 年	1993 年
第五条 商标注册的申请日期，以商标局收到申请书件的日期为准，申请手续不齐备的，予以退回，申请日期不予保留。 两个或者两个以上的申请人，在同一种商品或者类似商品上，以相同或者近似的商标在同一天申请的，各申请人应当按照商标局的通知，限期交送该商标第一次使用日期的证明。同日使用的或均未使用的，应当进行协商；协商超过三十天达不成协议的，由商标局裁定。	**第十二条**❶ 商标注册的申请日期，以商标局收到申请书件的日期为准。**申请手续齐备并按照规定填写申请书件的，编定申请号，发给《受理通知书》**；申请手续不齐备**或者未按照规定填定申请书件**的，予以退回，申请日期不予保留。 **申请手续基本齐备或者申请书件基本符合规定，但是需要补正的，商标局通知申请人予以补正，限其在收到通知之日起十五天内，按指定内容补正并交回商标局。限期内补正并交回商标局的，保留申请日期；未作补正或者超过期限补正的，予以退回，申请日期不予保留。**

❶ 本条曾于1988年进行过修正。

2002年	2014年
第十七条（新增） **申请人变更其名义、地址、代理人，或者删减指定的商品的，可以向商标局办理变更手续。** **申请人转让其商标注册申请的，应当向商标局办理转让手续。**	**第十七条** 申请人变更其名义、地址、代理人、**文件接收人**或者删减指定的商品的，**应当**向商标局办理变更手续。 申请人转让其商标注册申请的，应当向商标局办理转让手续。
第十八条 商标注册的申请日期，以商标局收到申请**文件**的日期为准。申请手续齐备并按照规定填写申请**文件**的，**商标局予以受理并书面通知申请人**；申请手续不齐备或者未按照规定填写申请**文件**的，**商标局不予受理，书面通知申请人并说明理由。** 申请手续基本齐备或者申请**文件**基本符合规定，但是需要补正的，商标局通知申请人予以补正，限其**自**收到通知之日起**30日内，按照**指定内容补正并交回商标局。**在规定期限内**补正并交回商标局的，保留申请日期；**期满未补正的，视为放弃申请，商标局应当书面通知申请人。**	**第十八条** 商标注册的申请日期以商标局收到申请文件的日期为准。 **商标注册**申请手续齐备、按照规定填写申请文件**并缴纳费用的**，商标局予以受理并书面通知申请人；申请手续不齐备、未按照规定填写申请文件**或者未缴纳费用的**，商标局不予受理，书面通知申请人并说明理由。申请手续基本齐备或者申请文件基本符合规定，但是需要补正的，商标局通知申请人予以补正，限其自收到通知之日起30日内，按照指定内容补正并交回商标局。在规定期限内补正并交回商标局的，保留申请日期；期满未补正的**或者不按照要求进行补正的，商标局不予受理并**书面通知申请人。 **本条第二款关于受理条件的规定适用于办理其他商标事宜。**

第十三条（新增）[1]

两个或者两个以上的申请人，在同一种商品或者类似商品上，以相同或者近似的商标在同一天申请注册的，各申请人应当按照商标局的通知，在三十天内交送第一次使用该商标的日期的证明。同日使用或者均未使用的，各申请人应当进行协商，协商一致的，应当在三十天内将书面协议报送商标局；超过三十天达不成协议的，在商标局主持下，由申请人抽签决定，或者由商标局裁定。

第十五条（新增）[2]

商标局受理申请商标注册要求优先权的事宜。具体程序依照国家工商行政管理局公布的规定办理。

[1] 本条为 1988 年新增内容。

[2] 本条为 1988 年新增内容。

2002年	2014年
第十九条	**第十九条**
两个或者两个以上的申请人，在同一种商品或者类似商品上，**分别**以相同或者近似的商标在同一天申请注册的，各申请人应当**自收到商标局通知之日起30日内提交其申请注册前在先使用该商标的证据**。同日使用或者均未使用的，各申请人**可以自收到商标局通知之日起30日内自行协商，并将书面协议报送商标局；不愿协商或者协商不成的，商标局通知各申请人以抽签的方式确定一个申请人，驳回其他人的注册申请。商标局已经通知但申请人未参加抽签的，视为放弃申请，商标局应当书面通知未参加抽签的申请人。**	两个或者两个以上的申请人，在同一种商品或者类似商品上，分别以相同或者近似的商标在同一天申请注册的，各申请人应当自收到商标局通知之日起30日内提交其申请注册前在先使用该商标的证据。同日使用或者均未使用的，各申请人可以自收到商标局通知之日起30日内自行协商，并将书面协议报送商标局；不愿协商或者协商不成的，商标局通知各申请人以抽签的方式确定一个申请人，驳回其他人的注册申请。商标局已经通知但申请人未参加抽签的，视为放弃申请，商标局应当书面通知未参加抽签的申请人。
第二十条	**第二十条**
依照商标法第二十四条规定要求优先权的，申请人提交的第一次提出商标注册申请文件的副本应当经受理该申请的商标主管机关证明，并注明申请日期和申请号。	依照商标法第**二十五**条规定要求优先权的，申请人提交的第一次提出商标注册申请文件的副本应当经受理该申请的商标主管机关证明，并注明申请日期和申请号。
依照商标法第二十五条规定要求优先权的，申请人提交的证明文件应当经国务院工商行政管理部门规定的机构认证；展出其商品的国际展览会是在中国境内举办的除外。	

1983 年	1993 年
	第三章 商标注册的审查
第九条 驳回申请的商标，商标局发给申请人驳回通知书，并抄送核转单位。	**第十六条**[1] **商标局对受理的申请，依照《商标法》进行审查，凡符合《商标法》有关规定并具有显著性的商标，予以初步审定，并予以公告；驳回申请的，发给申请人《驳回通知书》。** **商标局认为商标注册申请内容可以修正的，发给《审查意见书》，限其在收到通知之日起十五天内予以修正；未作修正、超过期限修正或者修正后仍不符合《商标法》有关规定的，驳回申请，发给申请人《驳回通知书》。**
第十条 对驳回的商标要求复审的，应当向商标评审委员会交送驳回商标复审申请书（书式四）一份。	**第十七条**[2] 对驳回申请的商标**申请**复审的，**申请人应当在收到驳回通知之日起十五天内，将《驳回商标**

[1] 本条曾于 1988 年进行过修正。

[2] 本条曾于 1988 年进行过修正。

2002年	2014年
第三章　商标注册申请的审查	**第三章　商标注册申请的审查**
第二十一条	**第二十一条**
商标局对受理的**商标注册**申请，依照**商标法及本条例的有关规定**进行审查，**对符合规定的或者在部分指定商品上使用商标的注册申请符合规定的**，予以初步审定，并予以公告；**对不符合规定或者在部分指定商品上使用商标的注册申请不符合规定的，予以驳回或者驳回在部分指定商品上使用商标的注册申请，书面通知申请人并说明理由。**	商标局对受理的商标注册申请，依照商标法及本条例的有关规定进行审查，对符合**规定**或者在部分指定商品上使用商标的注册申请符合规定的，予以初步审定，并予以公告；对不符合规定或者在部分指定商品上使用商标的注册申请不符合规定的，予以驳回或者驳回在部分指定商品上使用商标的注册申请，书面通知申请人并说明理由。
商标局对在部分指定商品上使用商标的注册申请予以初步审定的，申请人可以在异议期满之日前，申请放弃在部分指定商品上使用商标的注册申请；申请人放弃在部分指定商品上使用商标的注册申请的，商标局应当撤回原初步审定，终止审查程序，并重新公告。	

复审申请书》一份交送商标评审委员会申请复审，同时附送原《商标注册申请书》、原商标图样十份、黑白墨稿一份和《驳回通知书》。

商标评审委员会做出终局决定，书面通知申请人。终局决定应予初步审定的商标移交商标局办理。

第二十二条（新增）

商标局对一件商标注册申请在部分指定商品上予以驳回的，申请人可以将该申请中初步审定的部分申请分割成另一件申请，分割后的申请保留原申请的申请日期。

需要分割的，申请人应当自收到商标局《商标注册申请部分驳回通知书》之日起 15 日内，向商标局提出分割申请。

商标局收到分割申请后，应当将原申请分割为两件，对分割出来的初步审定申请生成新的申请号，并予以公告。

第二十三条（新增）

依照商标法第二十九条规定，商标局认为对商标注册申请内容需要说明或者修正的，申请人应当自收到商标局通知之日起 15 日内作出说明或者修正。

1983年	1993年
第十一条 对商标局初步审定予以公告的商标提出异议的，应当向商标局交送商标异议书（书式五）正副本各一份。 当事人对商标局的异议裁定不服，向商标评审委员会申请复审的，应当交送商标异议复审申请书（书式六）正副本各一份。	**第十八条**[1] 对商标局初步审定予以公告的商标提出异议的，**异议人**应当**将《商标异议书》一式两份交送商标局，《商标异议书》应当写明被异议商标刊登《商标公告》的期号、页码及初步审定号。商标局将《商标异议书》交被异议人，限其在收到通知之日起三十天内答辩，并根据当事人陈述的事实和理由予以裁定；期满不答辩的，由商标局裁定并通知有关当事人。** **被异议商标在异议裁定生效前公告注册的，该商标的注册公告无效。**

[1] 本条曾于1988年进行过修正。

2002 年	2014 年
第二十二条	**第二十四条**
对商标局初步审定予以公告的商标提出异议的，异议人应当**向商标局提交商标异议书**一式两份。**商标异议书**应当写明被异议商标刊登《商标公告》的**期号及初步审定号。商标异议书应当有明确的请求和事实依据，并附送有关证据材料。**	对商标局初步审定予以公告的商标提出异议的，异议人应当向商标局提交**下列商标异议材料一式两份并标明正、副本：** **（一）商标异议申请书；** **（二）异议人的身份证明；** **（三）以违反商标法第十三条第二款和第三款、第十五条、第十六条第一款、第三十条、第三十一条、第三十二条规定为由提出异议的，异议人作为在先权利人或者利害关系人的证明。**
商标局**应当将商标异议书副本及时送交**被异议人，**限其自收到商标异议书副本**之日起 **30** 日内答辩。**被异议人不答辩的，不影响商标局的异议裁定。**	**商标异议申请书应当有明确的请求和事实依据，并附送有关证据材料。**
当事人需要在提出异议申请或者答辩后补充有关证据材料的，应当在申请书或者答辩书中声明，并自提交申请书或者答辩书之日起 3 **个月内提交；期满未提交的，视为当事人放弃补充有关证据材料。**	
	第二十五条（新增） **商标局收到商标异议申请书后，经审查，符合受理条件的，予以受理，向申请人发出受理通知书。**

1983 年	1993 年

2002年	2014年
	第二十六条（新增） **商标异议申请有下列情形的，商标局不予受理，书面通知申请人并说明理由：** **（一）未在法定期限内提出的；** **（二）申请人主体资格、异议理由不符合商标法第三十三条规定的；** **（三）无明确的异议理由、事实和法律依据的；** **（四）同一异议人以相同的理由、事实和法律依据针对同一商标再次提出异议申请的。**
（见第二十二条）	**第二十七条** 商标局应当将商标**异议材料**副本及时送交被异议人，限其自收到商标**异议材料**副本之日起30日内答辩。被异议人不答辩的，不影响商标局**作出决定**。 当事人需要在提出异议申请或者答辩后补充有关证据材料的，应当在**商标异议**申请书或者答辩书中声明，并自提交**商标异议**申请书或者答辩书之日起3个月内提交；期满未提交的，视为当事人放弃补充有关证据材料。**但是，在期满后生成或者当事人有其他正当理由未能在期满前提交的证据，在期满后提交的，商标局将证据交对方当事人并质证后可以采信。**

1983 年	1993 年
	第十九条[1] 当事人对商标局的异议裁定不服的，可以在收到商标异议裁定通知之日起十五天内，将《商标异议复审申请书》一式两份交送商标评审委员会申请复审。

[1] 本条曾于1988年进行过修正。

2002 年	2014 年
第二十三条 商标法第三十四条第二款所称异议成立，包括在部分指定商品上成立。异议在部分指定商品上成立的，在该部分指定商品上的商标注册申请不予核准。 被异议商标在异议裁定生效前已经刊发注册公告的，撤销原注册公告，经异议裁定核准注册的商标重新公告。 经异议裁定核准注册的商标，自该商标异议期满之日起至异议裁定生效前，对他人在同一种或者类似商品上使用与该商标相同或者近似的标志的行为不具有追溯力；但是，因该使用人的恶意给商标注册人造成的损失，应当给予赔偿。 经异议裁定核准注册的商标，对其提出评审申请的期限自该商标异议裁定公告之日起计算。	第二十八条 商标法第三十五条第三款和第三十六条第一款所称不予注册决定，包括在部分指定商品上不予注册决定。 被异议商标在商标局作出准予注册决定或者不予注册决定前已经刊发注册公告的，撤销该注册公告。经审查异议不成立而准予注册的，在准予注册决定生效后重新公告。

1983年	1993年
	商标评审委员会做出终局裁定，书面通知有关当事人，并移交商标局办理。 异议不成立的商标，异议裁定生效后，由商标局核准注册。
	第四章　注册商标的变更、转让、续展、争议裁定
第七条 申请变更注册人名义，每一个商标申请交送注册商标变更注册人名义申请书（书式二）一份，注册人名义变更证明一份，	**第二十条**[1] 申请变更商标注册人名义的，每一个**申请应当向商标局交送《变更商标注册人名义申请书》和变更证明各一份，并交回**

[1] 本条曾于1988年进行过修正。

2002年	2014年
	第二十九条（新增） **商标注册申请人或者商标注册人依照商标法第三十八条规定提出更正申请的，应当向商标局提交更正申请书。符合更正条件的，商标局核准后更正相关内容；不符合更正条件的，商标局不予核准，书面通知申请人并说明理由。** **已经刊发初步审定公告或者注册公告的商标经更正的，刊发更正公告。**
第四章　注册商标的变更、转让、续展❶	**第四章　注册商标的变更、转让、续展**
第二十四条❷ **变更**商标注册人名义、**地址或者其他注册事项的，**应当向商标局提交**变更申请书。商标局核准后，发给商标注册人相应证明，**	**第三十条** 变更商标注册人名义、地址或者其他注册事项的，应当向商标局提交变更申请书。**变更商标注册人名义的，还应当提交有关**

❶ 依据《中华人民共和国商标法实施条例》（2002年8月3日中华人民共和国国务院令第358号），第四章章名修改为“注册商标的变更、转让、续展”。

❷ 本条第一款曾于1995年进行过修正。

1983年	1993年
并交回原注册证。经商标局核准后，将原证加注发还，并予公告。 注册人的地址有变更的，应当交送注册商标变更注册人地址申请书（书式三）一份。	**原《商标注册证》**。经商标局核准后，将原**《商标注册证》**加注发还，并予以公告。 **申请变更商标注册人地址或者其他注册事项的，每一个申请应当向商标局交送《变更商标注册人地址申请书》或者《变更商标其他注册事项申请书》，以及有关变更证明各一份，并交回原《商标注册证》。经商标局核准后，将原《商标注册证》加注发还，并予以公告。** **变更商标注册人名义或者地址的，商标注册人必须将其全部注册商标一并办理。**
第十四条 申请转让注册商标的，每一个商标申请应当交送转让注册商标申请书（书式九）一份，并交回原注册证。经商标局核准后，将原证加注发给受让人，并予公告。	**第二十一条**[1] 申请转让注册商标的，**转让人和受让人应当向商标局交送《转让注册商标申请书》一份，附送原《商标注册证》。转让注册商标申请手续由受让人办理。受让人必须符合本实施细则第二条的规定。**经商标局核准后，将原**《商标注册证》**加注发给受让人，并予以公告。 **转让注册商标的，商标注册人对其在同一种或者类似商品上注册的相同或者近似的商标，必**

[1] 本条曾于1988年进行过修正。

2002年	2014年
并予以公告；**不予核准的，应当书面通知申请人并说明理由。** **变更商标注册人名义的，还应当提交有关登记机关出具的变更证明文件。未提交变更证明文件的，可以自提出申请之日起30日内补交；期满不提交的，视为放弃变更申请，商标局应当书面通知申请人。** 变更商标注册人名义或者地址的，商标注册人**应当**将其全部注册商标一并变更；**未一并变更的，视为放弃变更申请，商标局应当书面通知申请人。**	**登记机关出具的变更证明文件。**商标局核准**的**，发给商标注册人相应证明，并予以公告；不予核准的，应当书面通知申请人并说明理由。 变更商标注册人名义或者地址的，商标注册人应当将其全部注册商标一并变更；未一并变更的，**由商标局通知其限期改正；期满未改正的，**视为放弃变更申请，商标局应当书面通知申请人。
第二十五条[1] **转让**注册商标的，转让人和受让人应当向商标局**提交转让注册商标申请书。转让注册商标申请手续由受让人办理。商标局核准转让注册商标申请后，发给受让人相应证明，**并予以公告。 转让注册商标的，商标注册人对其在同一种或者类似商品上注册的相同或者近似的商标，**应当一并转让；未一并转让的，由商标局通知其限期改正；期满不改正的，视为放弃转让该注册商**	**第三十一条** 转让注册商标的，转让人和受让人应当向商标局提交转让注册商标申请书。转让注册商标申请手续**应当**由**转让人和受让人共同办理**。商标局核准转让注册商标申请**的**，发给受让人相应证明，并予以公告。 转让**注册商标**，商标注册人对其在同一种或者类似商品上注册的相同或者近似的商标**未一并转让的**，由商标局通知其限期改正；期满**未**改正的，视为放弃转

[1] 本条第一款曾于1995年进行过修正。

须一并办理。转让本实施细则第七条规定的商品的商标，受让人应当依照本实施细则第十一条规定，提供有关部门的证明文件。

对可能产生误认、混淆或者其他不良影响的转让注册商标申请，商标局不予核准，予以驳回。

2002 年	2014 年
标的申请，商标局应当书面通知申请人。 对可能产生误认、混淆或者其他不良影响的转让注册商标申请，商标局不予核准，**书面通知申请人并说明理由。**	让该注册商标的申请，商标局应当书面通知申请人。
第二十六条（新增） **注册商标专用权因转让以外的其他事由发生移转的，接受该注册商标专用权移转的当事人应当凭有关证明文件或者法律文书到商标局办理注册商标专用权移转手续。** **注册商标专用权移转的，注册商标专用权人在同一种或者类似商品上注册的相同或者近似的商标，应当一并移转；未一并移转的，由商标局通知其限期改正；期满不改正的，视为放弃该移转注册商标的申请，商标局应当书面通知申请人。**	**第三十二条** 注册商标专用权因转让以外的**继承等**其他事由发生移转的，接受该注册商标**专用权**的当事人应当凭有关证明文件或者法律文书到商标局办理注册商标专用权移转手续。 注册商标专用权移转的，注册商标专用权人在同一种或者类似商品上注册的相同或者近似的商标，应当一并移转；未一并移转的，由商标局通知其限期改正；期满**未**改正的，视为放弃该移转注册商标的申请，商标局应当书面通知申请人。 **商标移转申请经核准的，予以公告。接受该注册商标专用权移转的当事人自公告之日起享有商标专用权。**

1983 年	1993 年
第十三条 申请商标续展注册的，每一个商标申请应当交送商标续展注册申请书（书式八）一份，商标图样五张，并交回原注册证。经商标局核准后，将原证加注发还，并予公告。	**第二十二条**[1] 申请商标续展注册的，每一个**申请**应当**向商标局**交送**《商标续展注册申请书》一份，商标图样五份，交回原《商标注册证》**。经商标局核准后，将原**《商标注册证》**加注发还，并予以公告。**不符合《商标法》有关规定的，商标局不予核准，予以驳回。** **续展注册商标有效期自该商标上一届有效期满次日起计算。**
第十六条 申请商标注册，转让注册，续展注册，变更注册人名义、地址，补发注册证等有关事项，应当由地方工商行政管理部门核转。申请人应当将副本报送核转部门。	
第十七条 申请商标注册和办理其他商标事宜需要交送的各种书件和费用，应当按本实施细则规定，在申请时一次齐备，否则不予受理。	

[1] 本条曾于1988年进行过修正。

2002 年	2014 年
第二十七条 **注册商标需要续展注册的，应当向商标局提交商标续展注册申请书。商标局核准商标注册续展申请后，发给相应证明，并予以公告。** 续展注册商标有效期自该商标上一届有效期满次日起计算。	**第三十三条** 注册商标需要续展注册的，应当向商标局提交商标续展注册申请书。商标局核准商标注册续展申请**的**，发给相应证明并予以公告。

1983年	1993年
	第二十三条（新增）❶ 对商标局驳回转让、续展注册申请不服的，申请人可以在收到驳回通知之日起十五天内，将《驳回转让复审申请书》或者《驳回续展复审申请书》一份交送商标评审委员会申请复审，同时附送原《转让注册商标申请书》或者《商标续展注册申请书》和《驳回通知书》。 商标评审委员会做出终局决定，书面通知申请人。终局决定核准转让注册或者续展注册的，移交商标局办理。
第十二条 对已注册的商标提出争议的，应当向商标评审委员会交送注册商标争议裁定申请书（书式七）正副本各一份。	第二十四条❷ 商标注册人对他人已经注册的商标提出争议的，应当在他人商标刊登注册公告之日起一年内，将《商标争议裁定申请书》一式两份交送商标评审委员会申请裁定。 商标评审委员会做出维持或者撤销被争议注册商标终局裁定，书面通知有关当事人，并移交商标局办理。撤销理由仅涉及部分注册内容的，该部分内容予以撤销。被裁定撤销的，原商标

❶ 本条为1988年新增内容。

❷ 本条曾于1988年进行过修正。

2002年	2014年
（《行政复议法》颁布施行后相关问题由行政复议程序解决，故条例中删除该相关内容） （见第四十一条）	

注册人应当在收到裁定通知之日起十五天内，将《商标注册证》交回商标局。

第二十五条（新增）

下列行为属于《商标法》第二十七条第一款所指的以欺骗手段或者其他不正当手段取得注册的行为：

（1）虚构、隐瞒事实真相或者伪造申请书件及有关文件进行注册的；

（2）违反诚实信用原则，以复制、模仿、翻译等方式，将他人已为公众熟知的商标进行注册的；

（3）未经授权，代理人以其名义将被代理人的商标进行注册的；

（4）侵犯他人合法的在先权利进行注册的；

（5）以其他不正当手段取得注册的。

商标注册人对商标局依照《商标法》第二十七条第一款规定做出的撤销注册商标决定不服的，可以在收到决定通知之日起十五天内，将《撤销注册不当商标复审申请书》一份交送商标评

2002年	2014年

审委员会申请复审。商标评审委员会做出终局决定，书面通知申请人，并移交商标局办理。

任何单位或者个人认为商标注册不当的，可以将《撤销注册不当商标申请书》一式两份交送商标评审委员会申请裁定。商标评审委员会做出终局裁定，书面通知有关当事人，并移交商标局办理。

被撤销的注册不当商标由商标局予以公告，原商标注册人应当在收到决定或者裁定通知之日起十五天内，将《商标注册证》交回商标局。

依照《商标法》第二十七条第一款、第二款的规定撤销的注册商标，其商标专用权视为自始即不存在。撤销注册商标的决定或者裁定，对在撤销前人民法院做出并已执行的商标侵权案件的判决、裁定，工商行政管理机关做出并已执行的商标侵权案件的处理决定，以及已经履行的商标转让或者使用许可合同，不具有追溯力。但是，因商标注册人的恶意给他人造成损失的，应当予以赔偿。

2002 年

2014 年

1983 年	1993 年

第五章　商标国际注册
（新增）

第三十四条

商标法第二十一条规定的商标国际注册，是指根据《商标国际注册马德里协定》（以下简称马德里协定）、《商标国际注册马德里协定有关议定书》（以下简称马德里议定书）及《商标国际注册马德里协定及该协定有关议定书的共同实施细则》的规定办理的马德里商标国际注册。

马德里商标国际注册申请包括以中国为原属国的商标国际注册申请、指定中国的领土延伸申请及其他有关的申请。

第三十五条

以中国为原属国申请商标国际注册的，应当在中国设有真实有效的营业所，或者在中国有住所，或者拥有中国国籍。

第三十六条

符合本条例第三十五条规定的申请人，其商标已在商标局获得注册的，可以根据马德里协定申请办理该商标的国际注册。

符合本条例第三十五条规定

1983 年

1993 年

的申请人，其商标已在商标局获得注册，或者已向商标局提出商标注册申请并被受理的，可以根据马德里议定书申请办理该商标的国际注册。

第三十七条

以中国为原属国申请商标国际注册的，应当通过商标局向世界知识产权组织国际局（以下简称国际局）申请办理。

以中国为原属国的，与马德里协定有关的商标国际注册的后期指定、放弃、注销，应当通过商标局向国际局申请办理；与马德里协定有关的商标国际注册的转让、删减、变更、续展，可以通过商标局向国际局申请办理，也可以直接向国际局申请办理。

以中国为原属国的，与马德里议定书有关的商标国际注册的后期指定、转让、删减、放弃、注销、变更、续展，可以通过商标局向国际局申请办理，也可以直接向国际局申请办理。

第三十八条

通过商标局向国际局申请商标国际注册及办理其他有关申请的，应当提交符合国际局和商标局要求的申请书和相关材料。

1983 年	1993 年

第三十九条

商标国际注册申请指定的商品或者服务不得超出国内基础申请或者基础注册的商品或者服务的范围。

第四十条

商标国际注册申请手续不齐备或者未按照规定填写申请书的，商标局不予受理，申请日不予保留。

申请手续基本齐备或者申请书基本符合规定，但需要补正的，申请人应当自收到补正通知书之日起 30 日内予以补正，逾期未补正的，商标局不予受理，书面通知申请人。

第四十一条

通过商标局向国际局申请商标国际注册及办理其他有关申请的，应当按照规定缴纳费用。

申请人应当自收到商标局缴费通知单之日起 15 日内，向商标局缴纳费用。期满未缴纳的，商标局不受理其申请，书面通知申请人。

第四十二条

商标局在马德里协定或者马德里议定书规定的驳回期限（以

1983 年	1993 年

下简称驳回期限）内，依照商标法和本条例的有关规定对指定中国的领土延伸申请进行审查，作出决定，并通知国际局。商标局在驳回期限内未发出驳回或者部分驳回通知的，该领土延伸申请视为核准。

第四十三条

指定中国的领土延伸申请人，要求将三维标志、颜色组合、声音标志作为商标保护或者要求保护集体商标、证明商标的，自该商标在国际局国际注册簿登记之日起 3 个月内，应当通过依法设立的商标代理机构，向商标局提交本条例第十三条规定的相关材料。未在上述期限内提交相关材料的，商标局驳回该领土延伸申请。

第四十四条

世界知识产权组织对商标国际注册有关事项进行公告，商标局不再另行公告。

第四十五条

对指定中国的领土延伸申请，自世界知识产权组织《国际商标公告》出版的次月 1 日起 3 个月内，符合商标法第三十三条

1983年	1993年

规定条件的异议人可以向商标局提出异议申请。

商标局在驳回期限内将异议申请的有关情况以驳回决定的形式通知国际局。

被异议人可以自收到国际局转发的驳回通知书之日起 30 日内进行答辩，答辩书及相关证据材料应当通过依法设立的商标代理机构向商标局提交。

第四十六条

在中国获得保护的国际注册商标，有效期自国际注册日或者后期指定日起算。在有效期届满前，注册人可以向国际局申请续展，在有效期内未申请续展的，可以给予 6 个月的宽展期。商标局收到国际局的续展通知后，依法进行审查。国际局通知未续展的，注销该国际注册商标。

第四十七条

指定中国的领土延伸申请办理转让的，受让人应当在缔约方境内有真实有效的营业所，或者在缔约方境内有住所，或者是缔约方国民。

转让人未将其在相同或者类似商品或者服务上的相同或者近似商标一并转让的，商标局通知

1983年	1993年

注册人自发出通知之日起 3 个月内改正；期满未改正或者转让容易引起混淆或者有其他不良影响的，商标局作出该转让在中国无效的决定，并向国际局作出声明。

第四十八条

指定中国的领土延伸申请办理删减，删减后的商品或者服务不符合中国有关商品或者服务分类要求或者超出原指定商品或者服务范围的，商标局作出该删减在中国无效的决定，并向国际局作出声明。

第四十九条

依照商标法第四十九条第二款规定申请撤销国际注册商标，应当自该商标国际注册申请的驳回期限届满之日起满 3 年后向商标局提出申请；驳回期限届满时仍处在驳回复审或者异议相关程序的，应当自商标局或者商标评审委员会作出的准予注册决定生效之日起满 3 年后向商标局提出申请。

依照商标法第四十四条第一款规定申请宣告国际注册商标无效的，应当自该商标国际注册申请的驳回期限届满后向商标评审委员会提出申请；驳回期限届满

1983 年	1993 年

时仍处在驳回复审或者异议相关程序的，应当自商标局或者商标评审委员会作出的准予注册决定生效后向商标评审委员会提出申请。

依照商标法第四十五条第一款规定申请宣告国际注册商标无效的，应当自该商标国际注册申请的驳回期限届满之日起 **5** 年内向商标评审委员会提出申请；驳回期限届满时仍处在驳回复审或者异议相关程序的，应当自商标局或者商标评审委员会作出的准予注册决定生效之日起 **5** 年内向商标评审委员会提出申请。对恶意注册的，驰名商标所有人不受 **5** 年的时间限制。

第五十条

商标法和本条例下列条款的规定不适用于办理商标国际注册相关事宜：

（一）商标法第二十八条、第三十五条第一款关于审查和审理期限的规定；

（二）本条例第二十二条、第三十条第二款；

（三）商标法第四十二条及本条例第三十一条关于商标转让由转让人和受让人共同申请并办理手续的规定。

1983 年

1993 年

2002 年	2014 年
第五章　商标评审 （新增）	**第六章　商标评审**
第二十八条 **商标评审委员会受理依据商标法第三十二条、第三十三条、第四十一条、第四十九条的规定提出的商标评审申请。商标评审委员会根据事实，依法进行评审。**	**第五十一条** **商标评审是指商标评审委员会依照商标法第三十四条、第三十五条、第四十四条、第四十五条、第五十四条的规定审理有关商标争议事宜。当事人向商标评审委员会提出商标评审申请，应当有明确的请求、事实、理由和法律依据，并提供相应证据。** 商标评审委员会根据事实，依法进行评审。
第二十九条 **商标法第四十一条第三款所称对已经注册的商标有争议，是指在先申请注册的商标注册人认为他人在后申请注册的商标与其在同一种或者类似商品上的注册商标相同或者近似。**	（删除）
	第五十二条（新增） **商标评审委员会审理不服商标局驳回商标注册申请决定的复审案件，应当针对商标局的驳回决定和申请人申请复审的事实、理由、请求及评审时的事实状态进行审理。** **商标评审委员会审理不服商**

1983 年

1993 年

标局驳回商标注册申请决定的复审案件，发现申请注册的商标有违反商标法第十条、第十一条、第十二条和第十六条第一款规定情形，商标局并未依据上述条款作出驳回决定的，可以依据上述条款作出驳回申请的复审决定。商标评审委员会作出复审决定前应当听取申请人的意见。

第五十三条（新增）

商标评审委员会审理不服商标局不予注册决定的复审案件，应当针对商标局的不予注册决定和申请人申请复审的事实、理由、请求及原异议人提出的意见进行审理。

商标评审委员会审理不服商标局不予注册决定的复审案件，应当通知原异议人参加并提出意见。原异议人的意见对案件审理结果有实质影响的，可以作为评审的依据；原异议人不参加或者不提出意见的，不影响案件的审理。

第五十四条（新增）

商标评审委员会审理依照商标法第四十四条、第四十五条规定请求宣告注册商标无效的案件，应当针对当事人申请和答辩的事实、理由及请求进行审理。

1983年	1993年

2002年	2014年
	第五十五条（新增） **商标评审委员会审理不服商标局依照商标法第四十四条第一款规定作出宣告注册商标无效决定的复审案件，应当针对商标局的决定和申请人申请复审的事实、理由及请求进行审理。**
	第五十六条（新增） **商标评审委员会审理不服商标局依照商标法第四十九条规定作出撤销或者维持注册商标决定的复审案件，应当针对商标局作出撤销或者维持注册商标决定和当事人申请复审时所依据的事实、理由及请求进行审理。**
第三十条 **申请商标评审，应当向商标评审委员会提交申请书，并按照对方当事人的数量提交相应份数的副本；基于商标局的决定书或者裁定书申请复审的，还应当同时附送商标局的决定书或者裁定书副本。** **商标评审委员会收到申请书后，经审查，符合受理条件的，**	**第五十七条** 申请商标评审，应当向商标评审委员会提交申请书，并按照对方当事人的数量提交相应份数的副本；基于商标局的**决定书**申请复审的，还应当同时附送商标局的**决定书副本**。 商标评审委员会收到申请书后，经审查，符合受理条件的，予以受理；不符合受理条件的，

1983 年	1993 年

2002 年	2014 年
予以受理；不符合受理条件的，不予受理，书面通知申请人并说明理由；需要补正的，通知申请人自收到通知之日起 30 日内补正。经补正仍不符合规定的，商标评审委员会不予受理，书面通知申请人并说明理由；期满未补正的，视为撤回申请，商标评审委员会应当书面通知申请人。 商标评审委员会受理商标评审申请后，发现不符合受理条件的，予以驳回，书面通知申请人并说明理由。	不予受理，书面通知申请人并说明理由；需要补正的，通知申请人自收到通知之日起 30 日内补正。经补正仍不符合规定的，商标评审委员会不予受理，书面通知申请人并说明理由；期满未补正的，视为撤回申请，商标评审委员会应当书面通知申请人。 商标评审委员会受理商标评审申请后，发现不符合受理条件的，予以驳回，书面通知申请人并说明理由。
第三十一条 商标评审委员会受理商标评审申请后，应当及时将申请书副本送交对方当事人，限其自收到申请书副本之日起 30 日内答辩；期满未答辩的，不影响商标评审委员会的评审。	**第五十八条** 商标评审委员会受理商标评审申请后应当及时将申请书副本送交对方当事人，限其自收到申请书副本之日起 30 日内答辩；期满未答辩的，不影响商标评审委员会的评审。
第三十二条 当事人需要在提出评审申请或者答辩后补充有关证据材料的，应当在申请书或者答辩书中声明，并自提交申请书或者答辩书之日起 3 个月内提交；期满未提交的，视为放弃补充有关证据材料。	**第五十九条** 当事人需要在提出评审申请或者答辩后补充有关证据材料的，应当在申请书或者答辩书中声明，并自提交申请书或者答辩书之日起 3 个月内提交；期满未提交的，视为放弃补充有关证据

1983年	1993年

2002年	2014年
	材料。**但是，在期满后生成或者当事人有其他正当理由未能在期满前提交的证据，在期满后提交的，商标评审委员会将证据交对方当事人并质证后可以采信。**
第三十三条	第六十条
商标评审委员会根据当事人的请求或者实际需要，可以决定对评审申请进行公开评审。 商标评审委员会决定对评审申请进行公开评审的，应当在公开评审前15日书面通知当事人，告知公开评审的日期、地点和评审人员。当事人应当在通知书指定的期限内作出答复。 申请人不答复也不参加公开评审的，其评审申请视为撤回，商标评审委员会应当书面通知申请人；被申请人不答复也不参加公开评审的，商标评审委员会可以缺席评审。	商标评审委员会根据当事人的请求或者实际需要，可以决定对评审申请进行**口头审理**。 商标评审委员会决定对评审申请进行**口头审理的**，应当在**口头审理**15日**前**书面通知当事人，告知**口头审理**的日期、地点和评审人员。当事人应当在通知书指定的期限内作出答复。 申请人不答复也不参加**口头审理**的，其评审申请视为撤回，商标评审委员会应当书面通知申请人；被申请人不答复也不参加**口头审理**的，商标评审委员会可以缺席评审。
第三十四条	第六十一条
申请人在商标评审委员会作出决定、裁定前，要求撤回申请的，经书面向商标评审委员会说明理由，可以撤回；撤回申请的，评审程序终止。	申请人在商标评审委员会作出决定、裁定前，**可以书面向商标评审委员会要求撤回申请并说明理由，商标评审委员会认为可以撤回的**，评审程序终止。

1983 年	1993 年

2002年	2014年
第三十五条 **申请人撤回商标评审申请的，不得以相同的事实和理由再次提出评审申请；商标评审委员会对商标评审申请已经作出裁定或者决定的，任何人不得以相同的事实和理由再次提出评审申请。**	第六十二条 申请人撤回商标评审申请的，不得以相同的事实和理由再次提出评审申请。商标评审委员会对商标评审申请已经作出裁定或者决定的，任何人不得以相同的事实和理由再次提出评审申请。**但是，经不予注册复审程序予以核准注册后向商标评审委员会提起宣告注册商标无效的除外。**
第三十六条 **依照商标法第四十一条的规定撤销的注册商标，其商标专用权视为自始即不存在。有关撤销注册商标的决定或者裁定，对在撤销前人民法院作出并已执行的商标侵权案件的判决、裁定，工商行政管理部门作出并已执行的商标侵权案件的处理决定，以及已经履行的商标转让或者使用许可合同，不具有追溯力；但是，因商标注册人恶意给他人造成的损失，应当给予赔偿。**	（删除）

1983年	1993年
	第五章　商标使用的管理
第八条 使用注册商标的，应当标明“注册商标”四字，或者标明㊟或®标记。	**第二十六条**❶ 使用注册商标**应当**标明“注册商标”**字样**或者标明**注册**标记㊟或®。**在商品上不便标明的，应当在商品包装或者说明书以及其他附着物上标明。**
第十五条 商标注册证遗失或者毁损，申请补发的，应当交送补发商标注册证申请书（书式十）一份，商标图样五张。	**第二十七条**❷ **《商标注册证》**遗失或者**破损的，必须**申请补发，**商标注册人应当向商标局交送《补发商标注册证申请书》**一份，商标图样五份。**《商标注册证》遗失的，应当在《商标公告》上刊登遗失声明。破损的《商标注册证》，应当交回商标局。** **伪造或者涂改《商标注册证》的，由其所在地工商行政管理机关根据情节处以二万元以下的罚款，并收缴伪造或者涂改的《商标注册证》。**

❶ 本条曾于1988年进行过修正。

❷ 本条曾于1988年进行过修正。

2002 年	2014 年
第六章　商标使用的管理	**第七章　商标使用的管理**
第三十七条[1] 使用注册商标，**可以在商品、商品包装、说明书或者其他附着物上**标明“注册商标”**或者注册标记**。 **注册标记包括㊟和®。使用注册标记，应当标注在商标的右上角或者右下角。**	**第六十三条** 使用注册商标，可以在商品、商品包装、说明书或者其他附着物上标明“注册商标”或者注册标记。 注册标记包括㊟和®。使用注册标记，应当标注在商标的右上角或者右下角。
第三十八条 《商标注册证》遗失或者破损的，**应当向商标局**申请补发。《商标注册证》遗失的，应当在《商标公告》上刊登遗失声明。破损的《商标注册证》，应当**在提交补发申请时**交回商标局。 伪造或者**变造**《商标注册证》的，**依照刑法关于伪造、变造国家机关证件罪或者其他罪的规定，依法追究刑事责任。**	**第六十四条** 《商标注册证》遗失或者破损的，应当向商标局**提交补发《商标注册证》申请书**。《商标注册证》遗失的，应当在《商标公告》上刊登遗失声明。破损的《商标注册证》，应当在提交补发申请时交回商标局。 **商标注册人需要商标局补发商标变更、转让、续展证明，出具商标注册证明，或者商标申请人需要商标局出具优先权证明文件的，应当向商标局提交相应申请书。符合要求的，商标局发给相应证明；不符合要求的，商标局不予办理，通知申请人并告知理由。**

[1] 本条曾于 1995 年进行过修正。

第十九条

各级工商行政管理部门，通过商标管理，监督商品质量，应当主要在商品流通领域内，配合有关部门进行。对使用商标的商品，有粗制滥造，以次充好，欺骗消费者行为的，按《商标法》第三十一条、第三十四条规定处理。

2002年	2014年
	伪造或者变造《商标注册证》**或者其他商标证明文件**的，依照刑法关于伪造、变造国家机关证件罪或者其他罪的规定，依法追究刑事责任。
（见第三十九条）	**第六十五条** **有商标法第四十九条规定的注册商标成为其核定使用的商品通用名称情形的，任何单位或者个人可以向商标局申请撤销该注册商标，提交申请时应当附送证据材料。商标局受理后应当通知商标注册人，限其自收到通知之日起2个月内答辩；期满未答辩的，不影响商标局作出决定。**

1983 年

第二十条

对有《商标法》第三十条第（1）、（2）、（3）项行为之一的，由地方工商行政管理部门通知商标注册人改正，对拒不改正的，报请商标局处理。

对有《商标法》第三十条第（4）项行为的，由地方工商行政管理部门报请商标局撤销其注册商标。对商标的使用，包括用于广告宣传或展览。

1993 年

第二十八条[1]

对有《商标法》第三十条第（1）、（2）、（3）项行为之一的，**由工商行政管理机关责令商标注册人限期改正；拒不改正的，由商标注册人所在地工商行政管理机关报请商标局撤销其注册商标。**

第二十九条[2]

对有《商标法》第三十条第（4）项行为的，**任何人可以向商标局申请撤销该注册商标，并说明有关情况。商标局应当通知商标注册人，限其在收到通知之日起三个月内提供该商标使用**

[1] 本条曾于 1988 年进行过修正。

[2] 本条曾于 1988 年进行过修正。

2002 年	2014 年
第三十九条 有商标法第四十四条第（一）项、第（二）项、第（三）项行为之一的，由工商行政管理部门责令商标注册人限期改正；拒不改正的，报请商标局撤销其注册商标。 有商标法第四十四条第（四）项行为的，任何人可以向商标局申请撤销该注册商标，并说明有关情况。商标局应当通知商标注册人，限其自收到通知之日起 2 个月内提交该商标在撤销申请提出前使用的证据材料或者说明不使用的正当理由；期满不提供使用的证据材料或者证据材料无效并没有正当理由的，由商标局撤销其注册商标。 前款所称使用的证据材料，包括商标注册人使用注册商标的证据材料和商标注册人许可他人使用注册商标的证据材料。	**第六十六条** 有商标法第四十九条规定的注册商标无正当理由连续 3 年不使用情形的，任何单位或者个人可以向商标局申请撤销该注册商标，提交申请时应当说明有关情况。商标局受理后应当通知商标注册人，限其自收到通知之日起

1983 年	1993 年
	的证明或者不使用的正当理由。逾期不提供使用证明或者证明无效的，商标局撤销其注册商标。 前款所指商标的使用，包括将商标用于商品、商品包装或者容器以及商品交易文书上，或者将商标用于广告宣传、展览以及其他业务活动。
	（见第三十九条）

2002 年	2014 年
	2个月内提交该商标在撤销申请提出前使用的证据材料或者说明不使用的正当理由；期满未提供使用的证据材料或者证据材料无效并没有正当理由的，由商标局撤销其注册商标。 前款所称使用的证据材料，包括商标注册人使用注册商标的证据材料和商标注册人许可他人使用注册商标的证据材料。 **以无正当理由连续3年不使用为由申请撤销注册商标的，应当自该注册商标注册公告之日起满3年后提出申请。**
第四十条 **依照商标法第四十四条、第四十五条的规定被撤销的注册商标，由商标局予以公告；该注册商标专用权自商标局的撤销决定作出之日起终止。**	（删除）
	第六十七条（新增） **下列情形属于商标法第四十九条规定的正当理由：** **（一）不可抗力；** **（二）政府政策性限制；** **（三）破产清算；** **（四）其他不可归责于商标注册人的正当事由。**

1983年	1993年
	（见第二十四条）
	（见第三十一条）
	（见第三十五条）

2002 年	2014 年
第四十一条 **商标局、商标评审委员会撤销注册商标，撤销理由仅及于部分指定商品的，撤销在该部分指定商品上使用的商标注册。**	**第六十八条** 商标局、商标评审委员会撤销注册商标**或者宣告注册商标无效**，撤销**或者宣告无效的**理由仅及于部分指定商品的，**对**在该部分指定商品上使用的商标注册**予以撤销或者宣告无效**。
第四十二条 **依照商标法第四十五条、第四十八条的规定处以罚款的数额为非法经营额 20% 以下或者非法获利 2 倍以下。** **依照商标法第四十七条的规定处以罚款的数额为非法经营额 10% 以下。**	（删除）
第四十三条 **许可他人使用其注册商标的，许可人应当自商标使用许可合同签订之日起 3 个月内将合同副本报送商标局备案。**	**第六十九条** 许可他人使用其注册商标的，许可人应当**在许可合同有效期内向商标局备案并报送备案材料。备案材料应当说明注册商标使用许可人、被许可人、许可期限、许可使用的商品或者服务范围等事项。**

1983 年	1993 年
	（见第三十五条）
	（见第三十八条、第三十九条）

2002年	2014年
	第七十条（新增） **以注册商标专用权出质的，出质人与质权人应当签订书面质权合同，并共同向商标局提出质权登记申请，由商标局公告。**
第四十四条 **违反商标法第四十条第二款规定的，由工商行政管理部门责令限期改正；逾期不改正的，收缴其商标标识；商标标识与商品难以分离的，一并收缴、销毁。**	**第七十一条** 违反商标法第**四十三**条第二款规定的，由工商行政管理部门责令限期改正；逾期不改正的，**责令停止销售，拒不停止销售的，处10万元以下的罚款。**
第四十五条（新增） **使用商标违反商标法第十三条规定的，有关当事人可以请求工商行政管理部门禁止使用。当事人提出申请时，应当提交其商标构成驰名商标的证据材料。经商标局依照商标法第十四条的规定认定为驰名商标的，由工商行政管理部门责令侵权人停止违反商标法第十三条规定使用该驰名商标的行为，收缴、销毁其商标标识；商标标识与商品难以分离的，一并收缴、销毁。**	**第七十二条** **商标持有人依照商标法第十三条规定请求驰名商标保护的，可以向工商行政管理部门提出请求。**经商标局依照商标法第十四条规定认定为驰名商标的，由工商行政管理部门责令停止违反商标法第十三条规定使用**商标**的行为，收缴、销毁**违法使用的**商标标识；商标标识与商品难以分离的，一并收缴、销毁。
第四十六条 **商标注册人申请注销其注册商标或者注销其商标在部分指定商品上的注册的，应当向商标局**	**第七十三条** 商标注册人申请注销其注册商标或者注销其商标在部分指定商品上的注册的，应当向商标局

1983 年	1993 年
	(见第三十九条)

2002 年	2014 年
提交商标注销申请书，并交回原《商标注册证》。	提交商标注销申请书，并交回原《商标注册证》。
商标注册人申请注销其注册商标或者注销其商标在部分指定商品上的注册的，该注册商标专用权或者该注册商标专用权在该部分指定商品上的效力自商标局收到其注销申请之日起终止。	商标注册人申请注销其注册商标或者注销其商标在部分指定商品上的注册，**经商标局核准注销的**，该注册商标专用权或者该注册商标专用权在该部分指定商品上的效力自商标局收到其注销申请之日起终止。
第四十七条（新增）	（删除）
商标注册人死亡或者终止，自死亡或者终止之日起 1 年期满，该注册商标没有办理移转手续的，任何人可以向商标局申请注销该注册商标。提出注销申请的，应当提交有关该商标注册人死亡或者终止的证据。	
注册商标因商标注册人死亡或者终止而被注销的，该注册商标专用权自商标注册人死亡或者终止之日起终止。	
第四十八条	**第七十四条**
注册商标被撤销或者依照本条例第四十六条、第四十七条的规定被注销的，原《商标注册证》作废；撤销该商标在部分指定商品上的注册的，或者商标注册人申请注销其商标在部分指定商品上的注册的，由商标局在原	注册商标被撤销或者依照本条例第七十三条的规定被注销的，原《商标注册证》作废，**并予以公告**；撤销该商标在部分指定商品上的注册的，或者商标注册人申请注销其商标在部分指定商品上的注册的，**重新核发**

1983年

第二十一条

根据《商标法》第三十一条、第三十四条第（3）项的规定，对使用商标的商品，有粗制滥造，以次充好，欺骗消费者行为的，地方工商行政管理部门可作下列处理：

（1）对情节轻微的，进行批评教育，责令限期改正；

（2）对情节严重的，责令检讨，并予通报，或者处以二千元以下的罚款。使用注册商标的，还可以报请商标局撤销其注册商标。

第二十三条

对有《商标法》第三十四条

1993年

第三十条（新增）[1]

在同一种或者类似商品上申请注册与本实施细则第二十九条规定撤销的商标相同或者近似的商标，不受《商标法》第三十二条规定的限制。

第三十一条[2]

对有《商标法》第三十一条、第三十四条第（3）项**行为之一的，由工商行政管理机关**责令限期改正；情节严重的，责令检讨，**予以**通报，**并处以非法经营额20%以下或者非法获利两倍以下的罚款；对有毒、有害并且没有使用价值的商品，予以销毁；使用注册商标的，应当依照《商标法》的规定，撤销其注册商标。**

第三十二条[3]

对有《商标法》第三十四条

[1] 本条为1988年新增内容。

[2] 本条曾于1988年进行过修正。

[3] 本条曾于1988年进行过修正。

2002年	2014年
《商标注册证》上加注发还，或者重新核发《商标注册证》，并予公告。	《商标注册证》，并予**以**公告。
（见第四十二条）	

1983 年	1993 年
第（1）、（2）项行为之一的，地方工商行政管理部门应当禁止其商品在市场销售，停止广告宣传，封存或者收缴其剩余商标标识，责令限期改正；根据情节，可以予以通报，或者处以二千元以下的罚款。	第（1）、（2）项行为之一的，由**工商行政管理机关**禁止其**进行**广告宣传，封存或者收缴其**商标**标识，责令限期改正，**并可**根据情节予以通报、**处以非法经营额 20% 以下**罚款。
第二十二条 对违反《商标法》第五条规定的，地方工商行政管理部门应当禁止其商品在市场销售，停止广告宣传，封存或者收缴其剩余未注册商标标识，责令限期申请注册，可以并处一千元以下的罚款。	**第三十三条**❶ 对违反《商标法》第五条规定的，由**工商行政管理机关**禁止其商品销售**和**广告宣传，封存或者收缴其商标标识，**并可根据情节**处以**非法经营额 10% 以下**的罚款。
	第三十四条（新增）❷ **任何人不得非法印制或者买卖商标标识。** **对违反前款规定的，由工商行政管理机关予以制止，收缴其商标标识，并可根据情节处以非法经营额 20% 以下的罚款；销售自己注册商标标识的，商标局还可以撤销其注册商标；但属于侵犯注册商标专用权的，依照本实施细则第四十三条的规定处理。**

❶ 本条曾于 1988 年进行过修正。

❷ 本条为 1988 年新增内容。

2002年	2014年

1983 年	1993 年
第十八条 商标注册人许可他人使用其注册商标签订商标使用许可合同的，除应当将该商标使用许可合同副本报商标局备案外，同时，另备副本交送当事人双方所在地工商行政管理部门存查。	**第三十五条**[1] 商标注册人许可他人使用其注册商标，**必须签订商标使用许可合同。许可人和被许可人应当在许可合同签订之日起三个月内，将许可合同副本交送其所在地县级工商行政管理机关存查，由许可人报送商标局备案，并由商标局予以公告。** **违反前款规定的，由许可人或者被许可人所在地工商行政管理机关责令限期改正；拒不改正的，处以一万元以下的罚款，直至报请商标局撤销该注册商标。** **违反《商标法》第二十六条第二款规定的，由被许可人所在地工商行政管理机关责令限期改正，收缴其商标标识，并可根据情节处以五万元以下的罚款。**
	第三十六条[2] **商标注册人许可他人使用其注册商标，被许可人必须符合本实施细则第二条的规定。** **许可他人使用本实施细则第七条规定的商品商标的，在将许可合同副本交送存查时，被许可人应当依照本实施细则第十一条的规定，附送有关部门的证明文件。**

[1] 本条曾于 1988 年进行过修正。

[2] 本条曾于 1988 年进行过修正。

2002年	2014年
（见第四十三条、第四十四条）	（见第六十九条、第七十一条）

1983年	1993年
第二十八条 商标注册人申请注销其注册商标，或者按《商标法》第二十九条、第三十条、第三十一条规定撤销其注册商标的，由商标局予以注销或者撤销，并予公告。 商标注册人对商标局撤销其注册商标的决定不服，向商标评审委员会申请复审的，应当交送撤销注册商标复审申请书（书式十一）一份。	**第三十七条**❶ **商标局依照《商标法》第三十条、第三十一条和本实施细则第二十八条、第二十九条、第三十一条、第三十四条、第三十五条规定做出的撤销注册商标的决定，应当书面通知商标注册人及其所在地工商行政管理机关。** **商标注册人对商标局撤销其注册商标决定不服的，可以在收到决定通知之日起十五天内，将《撤销商标复审申请书》一份交送商标评审委员会申请复审。** **商标评审委员会做出终局决定，书面通知商标注册人及其所在地工商行政管理机关，并移交商标局办理。** **第三十八条**❷ 商标注册人申请注销其注册商标，**应当向商标局交送《商标注销申请书》一份，交回原《商标注册证》。**

❶ 本条曾于1988年进行过修正。

❷ 本条曾于1988年进行过修正。

2002年	2014年
（见第四十六条）	（见第七十四条）

1983 年	1993 年
	第三十九条[1] 撤销或者注销的注册商标，由商标局予以公告；自撤销或者注销公告之日起，其商标专用权丧失。被撤销的注册商标，由原商标注册人所在地工商行政管理机关收缴《商标注册证》，交回商标局。 第四十条（新增）[2] 对工商行政管理机关依照《商标法》第六章和本实施细则第五章的规定做出的处理决定不服的，当事人可以在收到决定通知之日起十五天内，向上一级工商行政管理机关申请复议；上一级工商行政管理机关应当在收到复议申请之日起两个月内，做出复议决定。对复议决定不服的，当事人可以在收到复议决定通知之日起十五天内，向人民法院起诉。逾期不申请复议、不起诉又不履行的，由工商行政管理机关申请人民法院强制执行。

[1] 本条曾于 1988 年进行过修正。

[2] 本条为 1988 年新增内容。

2002年	2014年
（见第四十六条、第四十八条）	（见第七十四条）
（《行政复议法》颁布施行后相关问题由行政复议程序解决，故条例中删除该相关内容）	

1983年	1993年
	## 第六章　注册商标专用权的保护
	第四十一条（新增）[1] 有下列行为之一的，属于《商标法》第三十八条第（4）项所指的侵犯注册商标专用权的行为： （1）经销明知或者应知是侵犯他人注册商标专用权商品的； （2）在同一种或者类似商品上，将与他人注册商标相同或者近似的文字、图形作为商品名称或者商品装潢使用，并足以造成误认的； （3）故意为侵犯他人注册商标专用权行为提供仓储、运输、邮寄、隐匿等便利条件的。

[1] 本条为1988年新增内容。

2002年

第七章　注册商标专用权的保护

第四十九条（新增）

注册商标中含有的本商品的通用名称、图形、型号，或者直接表示商品的质量、主要原料、功能、用途、重量、数量及其他特点，或者含有地名，注册商标专用权人无权禁止他人正当使用。

第五十条

有下列行为之一的，属于商标法第五十二条第（五）项所称侵犯注册商标专用权的行为：

（一）在同一种或者类似商品上，将与他人注册商标相同或者近似的标志作为商品名称或者商品装潢使用，**误导公众的**；

（二）故意为侵犯他人注册商标专用权行为提供仓储、运输、邮寄、隐匿等便利条件的。

2014年

第八章　注册商标专用权的保护

（删除）

第七十五条

为侵犯他人商标专用权提供仓储、运输、邮寄、印制、隐匿、经营场所、网络商品交易平台等，属于商标法第五十七条第六项规定的提供便利条件。

第七十六条

在同一种商品或者类似商品上将与他人注册商标相同或者近似的标志作为商品名称或者商品装潢使用，误导公众的，**属于商标法第五十七条第二项规定的侵犯注册商标专用权的行为。**

1983 年	1993 年
第二十四条 根据《商标法》第三十九条的规定，对侵犯注册商标专用权的，被侵权人可以向侵权人所在地的县级以上工商行政管理部门要求处理，也可以直接向有管辖权的人民法院起诉。 地方工商行政管理部门在受理侵犯注册商标专用权的案件时，对已构成侵权行为的，应当责令立即停止侵权行为，封存或者收缴商标标识；消除现存商品或包装上的商标；根据情节予以通报；被侵权人要求赔偿损失的，依法责令赔偿；对情节严重的可以并处五千元以下的罚款。	**第四十二条**[1] 对侵犯注册商标专用权的，**任何人**可以向侵权人所在地或者**侵权行为地**县级以上**工商行政管理机关控告或者检举。被侵权人**也可以直接向**人民法院**起诉。 **工商行政管理机关认为侵犯注册商标专用权的，在调查取证时可以行使下列职权：** **（1）询问有关当事人；** **（2）检查与侵权活动有关的物品，必要时，可以责令封存；** **（3）调查与侵权活动有关的行为；** **（4）查阅、复制与侵权活动有关的合同、帐[2]册等业务资料。** **工商行政管理机关在行使前款所列职权时，有关当事人应当予以协助，不得拒绝。**

[1] 本条曾于1988年进行过修正。

[2] 编辑说明：此处经查《中华人民共和国国务院公报》（1993年第15号，总号：733）刊登的《中华人民共和国商标法实施细则》第四十二条第二款第（4）项，所用为“帐”，但正确用法应为“账”。

2002年	2014年
第五十一条 对侵犯注册商标专用权的**行为，**任何人可以向**工商行政管理部门投诉或者举报**。	**第七十七条** 对侵犯注册商标专用权的行为，任何人可以向工商行政管理部门投诉或者举报。

第四十三条[1]

对侵犯注册商标专用权的，工商行政管理机关可以采取下列措施制止侵权行为：

（1）责令立即停止销售；

（2）收缴并销毁侵权商标标识；

（3）消除现存商品上的侵权商标；

（4）收缴直接专门用于商标侵权的模具、印板和其他作案工具；

（5）采取前四项措施不足以制止侵权行为的，或者侵权商标与商品难以分离的，责令并监督销毁侵权物品。

对侵犯注册商标专用权，尚未构成犯罪的，工商行政管理机关可根据情节处以非法经营额50%以下或者侵权所获利润五倍以下的罚款。对侵犯注册商标专用权的单位的直接责任人员，工商行政管理机关可根据情节处以一万元以下的罚款。

工商行政管理机关可以应被侵权人的请求责令侵权人赔偿损失。当事人不服的，可以向人民法院起诉。

[1] 本条曾于1988年进行过修正。

2002年	2014年
第五十二条 对侵犯注册商标专用权的行为，罚款数额为非法经营额3倍以下；非法经营额无法计算的，罚款数额为10万元以下。	（删除）

1983 年	1993 年

2002年	2014年
第五十三条（新增） 商标所有人认为他人将其驰名商标作为企业名称登记，可能欺骗公众或者对公众造成误解的，可以向企业名称登记主管机关申请撤销该企业名称登记。企业名称登记主管机关应当依照《企业名称登记管理规定》处理。	（删除）
	第七十八条（新增） 计算商标法第六十条规定的违法经营额，可以考虑下列因素： （一）侵权商品的销售价格； （二）未销售侵权商品的标价； （三）已查清侵权商品实际销售的平均价格； （四）被侵权商品的市场中间价格； （五）侵权人因侵权所产生的营业收入； （六）其他能够合理计算侵权商品价值的因素。
	第七十九条（新增） 下列情形属于商标法第六十条规定的能证明该商品是自己合法取得的情形： （一）有供货单位合法签章的供货清单和货款收据且经查证属实或者供货单位认可的；

1983年	1993年

（二）有供销双方签订的进货合同且经查证已真实履行的；

（三）有合法进货发票且发票记载事项与涉案商品对应的；

（四）其他能够证明合法取得涉案商品的情形。

第八十条（新增）

销售不知道是侵犯注册商标专用权的商品，能证明该商品是自己合法取得并说明提供者的，由工商行政管理部门责令停止销售，并将案件情况通报侵权商品提供者所在地工商行政管理部门。

第八十一条（新增）

涉案注册商标权属正在商标局、商标评审委员会审理或者人民法院诉讼中，案件结果可能影响案件定性的，属于商标法第六十二条第三款规定的商标权属存在争议。

第八十二条（新增）

在查处商标侵权案件过程中，工商行政管理部门可以要求权利人对涉案商品是否为权利人生产或者其许可生产的产品进行辨认。

1983 年	1993 年
第二十五条 对地方工商行政管理部门根据本实施细则第二十一条第（2）项、第二十二条、第二十三条、第二十四条做出的罚款决定，当事人不服的，可以在收到通知十五天内向人民法院起诉；期满不起诉又不履行的，由地方工商行政管理部门申请人民法院强制执行。	**第四十四条**[1] 对**工商行政管理机关依照前条第一款、第二款的规定做出的处理决定不服的，当事人可以在收到决定通知之日起十五天内向上一级工商行政管理机关申请复议；上一级工商行政管理机关应当在收到复议申请之日起两个月内，做出复议决定。对复议决定不服的，当事人可以在收到复议决定通知之日起十五天内，向人民法院起诉。逾期不申请复议、**不起诉又不履行的，由**工商行政管理机关**申请人民法院强制执行。
第二十六条 假冒他人注册商标，包括擅自制造和销售他人注册商标标识，情节严重，已构成犯罪的，被侵权人或者机关、团体、企业、事业单位和公民可以直接向检察机关控告和检举，由检察机关处理。向地方工商行政管理部门控告和检举的，由地方工商行政管理部门移送检察机关处理。	**第四十五条**[2] 对假冒他人注册商标的，**任何人**可以向**工商行政管理机关或者**检察机关控告和检举。 **向工商行政管理机关控告和检举的，工商行政管理机关依照本实施细则第四十三条的规定处理；其所控告和检举的情节严重，构成犯罪的，由司法机关依法追究刑事责任。**

[1] 本条曾于 1988 年进行过修正。

[2] 本条曾于 1988 年进行过修正。

2002年	2014年
（《行政复议法》颁布施行后相关问题由行政复议程序解决，故条例中删除该相关内容）	

1983 年

1993 年

第九章　商标代理

（新增）

第八十三条

商标法所称商标代理，是指接受委托人的委托，以委托人的名义办理商标注册申请、商标评审或者其他商标事宜。

第八十四条

商标法所称商标代理机构，包括经工商行政管理部门登记从事商标代理业务的服务机构和从事商标代理业务的律师事务所。

商标代理机构从事商标局、商标评审委员会主管的商标事宜代理业务的，应当按照下列规定向商标局备案：

（一）交验工商行政管理部门的登记证明文件或者司法行政部门批准设立律师事务所的证明文件并留存复印件；

（二）报送商标代理机构的名称、住所、负责人、联系方式等基本信息；

（三）报送商标代理从业人员名单及联系方式。

工商行政管理部门应当建立商标代理机构信用档案。商标代理机构违反商标法或者本条例规定的，由商标局或者商标评审委员会予以公开通报，并记入其信用档案。

1983年	1993年

第八十五条

商标法所称商标代理从业人员，是指在商标代理机构中从事商标代理业务的工作人员。

商标代理从业人员不得以个人名义自行接受委托。

第八十六条

商标代理机构向商标局、商标评审委员会提交的有关申请文件，应当加盖该代理机构公章并由相关商标代理从业人员签字。

第八十七条

商标代理机构申请注册或者受让其代理服务以外的其他商标，商标局不予受理。

第八十八条

下列行为属于商标法第六十八条第一款第二项规定的以其他不正当手段扰乱商标代理市场秩序的行为：

（一）以欺诈、虚假宣传、引人误解或者商业贿赂等方式招徕业务的；

（二）隐瞒事实，提供虚假证据，或者威胁、诱导他人隐瞒事实，提供虚假证据的；

（三）在同一商标案件中接受有利益冲突的双方当事人委托的。

1983 年	1993 年

第八十九条

商标代理机构有商标法第六十八条规定行为的，由行为人所在地或者违法行为发生地县级以上工商行政管理部门进行查处并将查处情况通报商标局。

第九十条

商标局、商标评审委员会依照商标法第六十八条规定停止受理商标代理机构办理商标代理业务的，可以作出停止受理该商标代理机构商标代理业务 6 个月以上直至永久停止受理的决定。停止受理商标代理业务的期间届满，商标局、商标评审委员会应当恢复受理。

商标局、商标评审委员会作出停止受理或者恢复受理商标代理的决定应当在其网站予以公告。

第九十一条

工商行政管理部门应当加强对商标代理行业组织的监督和指导。

1983年	1993年
	第七章　附　则
第二十七条 依《商标法》第二十一条、第二十二条、第三十五条、第三十六条、第三十九条规定，有关当事人应当在规定的限期内办理；有特殊原因的，可以两次申请延期，每次延期不得超过三十天。	**第四十六条**[1] **依照**《商标法》第二十一条、第二十二条、第三十五条**和本实施细则第二十三条、第二十五条规定申请复审的，**当事人应当在规定的期限内办理。**当事人因不可抗拒的事由或者其他正当理由，可以在期满前申请延期三十天，是否准许，由商标评审委员会决定。** **以邮寄方式收发文的，以邮戳日期为准；邮戳不清或者没有邮戳的，以商标局发文后二十天或者收文前二十天分别作为当事人收到或者发出的日期。**

[1] 本条曾于1988年进行过修正。

2002 年	2014 年
第八章　附　则	**第十章　附　则**
（见第十条）	（见第九条）

1983 年	1993 年
第三十二条 《商标法》施行前，原注册商标核定的有效期不变；原未核定有效期的注册商标，其有效期自《商标法》施行之日起计算。	**第四十八条**（新增） **连续使用至一九九三年七月一日的服务商标，与他人在相同或者类似的服务上已注册的服务商标（公众熟知的服务商标除外）相同或者近似的，可以依照国家工商行政管理局有关规定继续使用。**
第三十三条 申请商标注册和办理其他商标事宜，具体收费标准由国家工商行政管理局制定。	**第四十七条**[1] 申请商标注册**或者**办理其他商标事宜**的书式，由国家工商行政管理局制定、公布。**

[1] 本条曾于1988年进行过修正。

2002年	2014年
第五十四条 连续使用至1993年7月1日的服务商标，与他人在相同或者类似的服务上已注册的**服务商标**相同或者近似的，**可以继续使用；但是，1993年7月1日后中断使用3年以上的，不得继续使用。**	**第九十二条** 连续使用至1993年7月1日的服务商标，与他人在相同或者类似的服务上已注册的服务商标相同或者近似的，可以继续使用；但是，1993年7月1日后中断使用3年以上的，不得继续使用。 **已连续使用至商标局首次受理新放开商品或者服务项目之日的商标，与他人在新放开商品或者服务项目相同或者类似的商品或者服务上已注册的商标相同或者近似的，可以继续使用；但是，首次受理之日后中断使用3年以上的，不得继续使用。**
第五十五条（新增） **商标代理的具体管理办法由国务院另行规定。**	（删除）
第五十六条 **商标注册用商品和服务分类表，由国务院工商行政管理部门制定并公布。**	**第九十三条** 商标注册用商品和服务分类表，由**商标局**制定并公布。

1983 年	1993 年
	申请商标注册**或者**办理其他商标事宜**的收费标准**，由国家工商行政管理局**依照国家有关规定制定、公布**。 **商标注册的商品分类表，由国家工商行政管理局公布。**
（见第六条）	（见第五条）

2002年	2014年
申请商标注册或者办理其他商标事宜的**文件格式，由国务院工商行政管理部门制定并公布。**	申请商标注册或者办理其他商标事宜的文件格式，由**商标局、商标评审委员会**制定并公布。
商标评审委员会的评审规则由国务院工商行政管理部门制定并公布。	商标评审委员会的评审规则由国务院工商行政管理部门制定并公布。
第五十七条	**第九十四条**
商标局设置《商标注册簿》，记载注册商标及有关注册事项。	商标局设置《商标注册簿》，记载注册商标及有关注册事项。
商标局编印发行《商标公告》，刊登商标注册及其他有关事项。	
	第九十五条（新增）
	《商标注册证》及相关证明是权利人享有注册商标专用权的凭证。《商标注册证》记载的注册事项，应当与《商标注册簿》一致；记载不一致的，除有证据证明《商标注册簿》确有错误外，以《商标注册簿》为准。
	第九十六条
	商标局**发布**《商标公告》，刊**发**商标注册及其他有关事项。
	《商标公告》采用纸质或者电子形式发布。
	除送达公告外，公告内容自发布之日起视为社会公众已经知道或者应当知道。

1983年	1993年
	（见第四条）
	第四十九条（新增）❶ **本实施细则由国家工商行政管理局负责解释。**
第三十四条 本实施细则自公布之日起施行。	**第五十条** 本实施细则自发布之日起施行。

❶ 本条为1988年新增内容。

2002年	2014年
第五十八条	**第九十七条**
申请商标注册或者办理其他商标事宜，应当缴纳费用。缴纳费用的项目和标准，由国务院工商行政管理部门会同国务院价格主管部门规定并公布。	申请商标注册或者办理其他商标事宜，应当缴纳费用。缴纳费用的项目和标准，由国务院财政部门、国务院价格主管部门分别制定。
第五十九条	**第九十八条**
本条例自2002年9月15日起施行。1983年3月10日国务院发布、1988年1月3日国务院批准第一次修订、1993年7月15日国务院批准第二次修订的《中华人民共和国商标法实施细则》和1995年4月23日《国务院关于办理商标注册附送证件问题的批复》同时废止。	本条例自2014年5月1日起施行。